BURGER DE Chef

3,50 Fr.

BURGER DE Chef

Kreationen aus der
französischen Sterneküche

Texte und Herausgabe

Thérèse Rocher

Fotos

Delphine Amar-Constantini

Edition
Fackelträger

Vorwort

Wie wäre es, wenn der Verzehr eines (Ham-)Burgers endlich zu einem unvergesslichen Erlebnis würde? Wenn der Burger, statt unter amerikanischer Flagge aufzutreten, auf einmal die Vielfalt der französischen Küche (re)präsentieren würde?

Ein Boden, eine Füllung, oben drauf eine Kappe ... das brachte mich auf die Idee, um die Burger kleine Geschichten zu ranken. Und meinerseits eine Liste aller meiner Wünsche aufzustellen: vergessene Gemüse, Trockenfrüchte aus dem Süden, von der Gischt benetzte Salzkräuter oder Kräuter aus Trockengebieten wie dem Aubrac-Hochplateau im südwestlichen Zentralmassiv. Plötzlich fielen mir der Paris-Brest-Kringel und die Tarte tropézienne wieder ein, echte Leckereien für Genießer! Und so sind unter der Regie talentierter Pâtissiers auch süße Burger aus Hefe-, Sand- oder Rührgebäck, in Schokolade oder Passionsfruchtgelb gehüllt, mit auf den Tisch gekommen.

Zu meinem großen Bedauern konnte ich nicht alle von mir verehrten großen Küchenchefs bitten mitzumachen. Es sind einfach zu viele. Diejenigen, die ich gefragt habe, haben sich für das Projekt begeistert und haben, Sie werden sehen, ihren Vorstellungen von dem, was einen richtig guten Burger ausmacht, kreativen Lauf gelassen. Sie haben den Burger gedreht und gewendet und – neu erfunden. Eins ist sicher: Diese Burger sind vollkommen anders als die, die Sie kennen. Einige fallen etwas aus der Rolle, bedienen sich der Waffeln, Clubsandwiches oder Meringen unserer Kindheit, um uns noch mehr zum Staunen zu bringen.

Ich hoffe, sie bereiten Ihnen ebenso große Augen- wie Gaumenfreuden wie uns beim Schreiben dieser Schlemmerpartitur.

Thérèse Rocher

INHALT

Am KLAVIER...

Armand Arnal
[La Chassagnette *]

Virginie Basselot
[Saint James Paris *]

Nicolas Beaumann
[Michel Rostang**]

Sébastien Bras
[Bras ***]

Gontran Cherrier
[gontran cherrier, Bäckermeister]

Mauro Colagreco
[Mirazur **]

Der Begriff „Piano de cuisine" – Küchenklavier – hat Bocuse geprägt. Gemeint sind die Herde der französischen Manufaktur Molteni. Bocuse soll gesagt haben: „An einem Molteni zu kochen, ist wie einem Klavier die höchste Tonbrillanz zu entlocken."

Akrame Benallal
[Restaurant Akrame **]

Eddie Benghanem
[Restaurant Gordon Ramsay **]

Georges Blanc
[Restaurant Georges Blanc ***]

| Armand Arnal **[La Chassagnette *]** - Route du Sambuc - 13200 Arles - Tel.: 04 90 97 26 96 - www.chassagnette.fr | Virginie Basselot **[Saint James Paris *]** - 43, avenue Bugeaud - 75116 Paris - Tel.: 01 44 05 81 81 - www.saint-james-paris.com | Nicolas Beaumann **[Michel Rostang **]** - 20, rue Rennequin - 75017 Paris - Tel.: 01 47 63 40 77 - www.michelrostang.com | Akrame Benallal **[Akrame **]** - 19, rue Lauriston - 75016 Paris - Tel.:01 40 67 11 16 - www.akrame.com | Eddie Benghanem **[restaurant Gordon Ramsay **, Le Trianon Palace]** - 1, boulevard de la Reine - 78000 Versailles - Tel.: 01 30 84 50 00 - www.trianonpalace.fr | Georges Blanc **[Restaurant Georges Blanc ***]** - Place du Marché - 01540 Vonnas - Tel.: 04 74 50 90 90 - www.georgesblanc.com, | Sébastien Bras **[Bras ***]** - Route de l'Aubrac - 12210 Laguiole - Tel.: 05 65 51 18 20 - www.bras.fr | Gontran Cherrier **[Gontran Cherrier, Bäckermeister]** - 22, Rue Caulaincourt - 75018 Paris - Tel.: 01 46 06 82 66 - www.gontrancherrierboulanger.com | Mauro Colagreco **[Mirazur **]** - 30, avenue Artistide-Briand - 06500 Menton - Tel.: 04 92 41 86 86 - www.mirazur.fr

Jacques Decoret
[Maison Decoret *]

Christophe Dufau
[Les Bacchanales *]

Arnaud Faye
[La Table du Connétable **]

| Jacques Decoret **[Maison Decoret *]** - 15, rue du Parc - 03200 Vichy - Tel.: 04 70 97 65 06 - www.maisondecoret.com | Christophe Dufau **[Les Bacchanales *]** - 247, avenue de Provence - 06140 Vence - Tel.: 04 93 24 19 19 - www.lesbacchanales.com | Arnaud Faye **[La Table du Connétable **]** - Auberge du Jeu de Paume - 4, rue du Connétable - 60500 Chantilly - Tel.: 03 44 65 50 00 - www.aubergedujeudepaumechantilly.fr | Christophe Felder **[Maison Oppé]** - 29, rue du Maréchal Foch - 67190 Mutzig - Tel.: 03 88 38 13 21 - www.christophe-felder.com | Gaëtan Fiard **[Le Diane *]** - Hôtel Fouquet's Barrière - 46, avenue George V - 75008 Paris - Tel.: 01 40 69 60 60 - www.fouquets-barriere.com | Jacques Genin **[Chocolaterie Jacques Genin]** - 133, rue de Turenne - 75003 Paris - Tel.: 01 45 77 29 01 - www.jacquesgenin.fr | Adeline Grattard **[Yam'Tcha *]** - 4, rue Sauval - 75001 Paris - Tel.: 01 40 26 08 07 - www.yamtcha.com | Éric Guérin **[La Mare aux Oiseaux *]** - 223, rue du Chef de l'île Fedrun - 44720 Saint-Joachim - Tel.: 02 40 88 53 01 - www.mareauxoiseaux.fr

Am KLAVIER…

Christophe Felder
[MAISON OPPÉ]

Gaëtan Fiard
[LE DIANE *]

Jacques Genin
[CHOCOLATERIE JACQUES GENIN]

Adeline Grattard
[YAM'TCHA *]

Éric Guérin
[LA MARE AUX OISEAUX *]

Am KLAVIER...

Marc Haeberlin
[L'Auberge de l'Ill ***]

Éric Kayser
[Maison Kayser]

Jean-Georges Klein
[L'Arnsbourg ***]

Stéphanie Le Quellec
[La Scène *]

Camille Lesecq
[Maison Oppé]

Jean-Yves Leuranguer
[Le Diane *]

Philippe Labbé
[L'Abeille **]

William Ledeuil
[Ze Kitchen Galerie *]

Fabien Lefebvre
[Octopus *]

| Marc Haeberlin [L'Auberge de l'Ill ***] - 2, rue Collonges au Mont-d'or - 68970 Illhaeusern - Tel.: 03 89 71 89 00 - www.auberge-de-l-ill.com | Éric Kayser [Maison Kayser] - Paris, Lyon, Menton, Beausoleil, www.maison-kayser.com | Jean-Georges Klein [L'Arnsbourg ***] - 18 Untermuhlthal - 57230 Baerenthal - Tel.: 03 87 06 50 85 - www.arnsbourg.com | Philippe Labbé [L'Abeille **] - Shangri-La Hotel, Paris - 10, avenue d'Iéna - 75116 Paris - Tel.: 01 53 67 19 98 - www.shangri-la.com | William Ledeuil [Ze Kitchen Galerie *] - 4, rue des Grands-Augustins - 75006 Paris - Tel.: 01 44 32 00 32 - www.zekitchengalerie.fr | Fabien Lefebvre [Octopus *] - 12, rue Boieldieu - 34500 Béziers - Tel.: 04 67 49 90 00 - www.restaurant-octopus.com | Stéphanie Le Quellec [La Scène *] - Hôtel Prince de Galles - 33, avenue George V - 75008 Paris - Tel.: 01 53 23 78 50 - www.restaurant-la-scene.fr | Camille Lesecq [Maison Oppé] - 29, rue du Maréchal Foch - 67190 Mutzig - Tel.: 03 88 38 13 21 - www.christophe-felder.com | Jean-Yves Leuranguer [Le Diane *] - Hôtel Fouquet's Barrière - 46, avenue George V - 75008 Paris - Tel.: 01 40 69 60 60 - www.fouquets-barriere.com

Lionel Lévy
[ALCYONE *]

Cyril Lignac
[LE QUINZIÈME *]

Jean-Michel Lorain
[LA CÔTE SAINT JACQUES *]**

| Lionel Lévy **[ALCYONE *, INTERCONTINENTAL MARSEILLE]** - HOTEL-DIEU - 1, Place Daviel - 13002 Marseille - Tel.: 04 13 42 42 15 - www.marseille.intercontinental.com | Cyril Lignac **[LE QUINZIÈME *]** - 14, rue Cauchy - 75015 Paris - Tel.: 01 45 54 43 43 - www.restaurantlequinzieme.com | Jean-Michel Lorain **[LA CÔTE SAINT JACQUES ***]** - 14, Faubourg de Paris - 89300 Joigny - Tel.: 03 86 62 09 70 - www.cotesaintjacques.com | Nicolas Magie **[LE SAINT-JAMES *]** - Saint-James Bouliac - 3, place Camille-Hostein - 33270 Bouliac - Tel.: 05 57 97 06 00 - www.saintjames-bouliac.com | Régis Marcon **[RESTAURANT RÉGIS & JACQUES MARCON ***]** - Larsiallas - 43290 Saint-Bonnet-le-Froid - Tel.: 04 71 59 93 72 - www.regismarcon.fr | Carl Marletti **[PÂTISSERIE CARL MARLETTI]** - 51, rue Censier - 75005 Paris - Tel.: 01 43 31 68 12 - www.carlmarletti.com | Guy Martin **[LE GRAND VÉFOUR **]** - 17, rue du Beaujolais - 75001 Paris - Tel.: 01 42 96 56 27 - www.grand-vefour.com | Flora Mikula **[AUBERGE FLORA]** - 44, boulevard Richard-Lenoir - 75011 Paris - Tel.: 01 47 00 52 77 - www.aubergeflora.fr

Am KLAVIER…

Nicolas Magie
[LE SAINT-JAMES*]

Régis Marcon [RESTAURANT
RÉGIS & JACQUES MARCON***]

Carl Marletti
[PÂTISSERIE CARL MARLETTI]

Guy Martin
[LE GRAND VÉFOUR**]

Flora Mikula
[AUBERGE FLORA]

Am KLAVIER…

Jean-Louis Nomicos
[Les Tablettes
de Jean-Louis Nomicos *]

Gaël Orieux
[Auguste *]

Alain Passard
[Arpège ***]

François Perret
[L'Abeille **]

Philippe Rigollot
[Pâtisserie Philippe Rigollot]

Antoine Raimbault
[L'Oasis Raimbault **]

François Raimbault
[L'Oasis Raimbault **]

Stéphane Raimbault
[L'Oasis Raimbault **]

| Jean-Louis Nomicos **[Les Tablettes de Jean-Louis Nomicos*]** - 16, avenue Bugeaud - 75116 Paris - Tel.: 01 56 28 16 16 - www.lestablettesjeanlouisnomicos.com | Gaël Orieux **[Auguste*]** - 54, rue de Bourgogne - 75007 Paris - Tel.: 01 45 51 61 09 - www.restaurantauguste.fr | Alain Passard **[Arpège***]** - 84, rue de Varenne - 75007 Paris - Tel.: 01 47 05 09 06 - www.alain-passard.com | François Perret **[L'Abeille**]** - Shangri-La Hotel, Paris - 10, avenue d'Iena - 75116 Paris - Tel.: 01 53 67 19 98 - www.shangri-la.com | Antoine, François & Stéphane Raimbault **[L'Oasis Raimbault**]** - 6, rue Jean Honoré Carle - 06210 La Napoule - Tel.: 04 93 49 95 52 - www.oasis-raimbault.com | Philippe Rigollot **[Pâtisserie Philippe Rigollot]** - 1, place Georges Volland - 74000 Annecy - Tel.: 04 50 45 31 35 - www.philipperigollot.com

Michel Rostang
[Michel Rostang **]

Emmanuel Ryon
[pâtissier]

Reine Sammut
[Auberge La Fenière *]

| Michel Rostang [Michel Rostang **] - 20, rue Rennequin - 75017 Paris - Tel.: 01 47 63 40 77 - www.michelrostang.com | Emmanuel Ryon [pâtissier] - Consultant international - www.emmanuel-ryon.com | Reine Sammut [Auberge La Fenière *] - D943 - 84160 Cadenet - Tel.: 04 90 68 11 79 - www.reinesammut.com | Guy Savoy [Restaurant Guy Savoy ***] - 18, rue Troyon - 75017 Paris - Tel.: 01 43 80 40 61 - www.guysavoy.com | Guillaume Sourrieu [L'Épuisette *] - 158, Vallon des Auffes - 13007 Marseille - Tel.: 04 91 52 17 82 - www.l-epuisette.fr | Jean-Luc Tartarin [Restaurant Jean-Luc Tartarin **] - 73, avenue Foch - 76600 Le Havre - Tel.: 02 35 45 46 20 - www.jeanluc-tartarin.com | Antony Terrone [restaurant Gordon Ramsay **, Le Trianon Palace] - 1, boulevard de la Reine - 78000 Versailles - Tel.: 01 30 84 50 00 - www.trianonpalace.fr | David Toutain [Restaurant David toutain] - 29, rue Surcouf - 75007 Paris - Tel.: 01 45 50 11 10 - www.davidtoutain.com | Antoine Westermann [Drouant] - 16–18, place Gaillon - 75002 Paris - Tel.: 01 42 65 15 16 - www.drouant.com

Am KLAVIER…

Guy Savoy
[Restaurant Guy Savoy *]**

Guillaume Sourrieu
[L'Épuisette *]

Jean-Luc Tartarin
**[Restaurant Jean-Luc Tartarin **

Antony Terrone
[Restaurant Gordon Ramsay **]

David Toutain
[Restaurant David Toutain]

Antoine Westermann
[Drouant]

Herzhafte Burger

Armand

ARNAL

[LA CHASSAGNETTE]*

FÜR 4 PERSONEN

ZUBEREITUNG: 20 MINUTEN
RUHEZEIT: 2 ½ STUNDEN
+ 12 STUNDEN
GARZEIT: 30–40 MINUTEN

FÜR DIE BRÖTCHEN

- 200 g rotes Reismehl
- 185 g Kartoffelstärke
- 50 g Zucker
- 8 g Salz
- 2 Eier
- 4 Eigelb
- 18 g Trockenhefe
- 50 ml Olivenöl
- 100 g Butter
- Sesamsamen

FÜR DEN ROTE-BETE-KETCHUP

- 200 g Rote Bete
- grobes Meersalz
- 10 g Ingwer
- 1 Knoblauchzehe
- 100 ml Mirin (Reiswein)
- 100 ml Reisessig
- natives Olivenöl
- 100 ml weißer Balsamico
- Piment d'Espelette
- Salz

FÜR DIE MANGOLDTALER

- 100 g Mangoldgrün
- 100 g Spinat
- 8 Eier
- 10 g frische Minze

HAMBURGER MIT MANGOLD

Brötchenteig am Vortag zubereiten. Dafür rotes Reismehl, 320 ml warmes Wasser und Kartoffelstärke zu einem Teig verarbeiten, 2 ½ Stunden ruhen lassen. Zucker, Salz, ganze Eier und Eigelbe, Hefe, Olivenöl und weiche Butter hinzugeben und erneut gut verkneten. Teig über Nacht im Kühlschrank ruhen lassen.

Am nächsten Tag den Ofen auf 190 °C vorheizen. Acht Tortenringe (Ø 10 cm) auf ein Backblech setzen, den Teig hineingeben und mit Sesamsamen bestreuen. 8 Minuten im Ofen backen, dann die Temperatur auf 180 °C reduzieren und weitere 15 Minuten backen.

Für den Rote-Bete-Ketchup den Ofen auf 160 °C vorheizen. Die ganzen, ungeschälten Rote-Bete-Knollen in eine mit grobem Meersalz gefüllte, kleine feuerfeste Form geben und mit Alufolie abdecken. Je nach Knollengröße 30–40 Minuten im Ofen garen lassen. Gegarte Knollen schälen, pürieren und beiseitestellen.

Ingwer schälen und reiben, Knoblauch hacken, mit Mirin und Reisessig in eine Kasserolle geben und reduzieren, bis der Fond eine sirupähnliche Konsistenz annimmt. Zum Rote-Bete-Püree in einen Mixer geben und mit Öl aufschlagen. Balsamico hinzugeben, mit Piment d'Espelette und Salz abschmecken. Beiseitestellen.

Mangoldgrün und Spinat in einer Pfanne anbraten, abkühlen lassen und fein hacken. Beiseitestellen. Eier aufschlagen, schaumig rühren und unter die Mangold-Spinat-Masse ziehen, gehackte Minze hinzufügen.

Vier Servierringe (Ø 10 cm) in die Mitte einer heißen Pfanne setzen und die Mangoldmasse hineingeben. Mangoldtaler von beiden Seiten braten. Brötchen mit etwas Öl beidseitig kurz in der Pfanne anbraten.

Zusammenstellen

Vier Brötchen mit Rote-Bete-Ketchup bestreichen. Mangoldtaler darauflegen, eine weitere Schicht Ketchup aufstreichen und die restlichen Brötchen als Deckel auflegen.

Zuerst kommt der Mangold im grünen Gewand, dann das Kardinalsrot der Roten Bete. Eine echte Versuchung. Ein sanftes Duett, bei dem sich die beiden harmonisch ergänzen.

Armand ARNAL

[LA CHASSAGNETTE]*

FÜR 4 PERSONEN

ZUBEREITUNG: 20 MINUTEN
RUHEZEIT: 1 STUNDE
GARZEIT: 50 MINUTEN

FÜR DIE FOCACCIA

- 30 g frische Hefe
- 4 Eier
- 120 g Buchweizenmehl
- 110 g Kichererbsenmehl
- 110 g Kartoffelstärke
- 110 g Maisstärke
- 110 g Reismehl
- 280 ml Mineralwasser mit Kohlensäure
- 20 g Zucker
- 20 g Guarkernmehl (Verdickungsmittel)
- 15 g Salz
- 120 ml Olivenöl
- 2 TL Apfelessig

FÜR DAS STIERSTEAK

- 100 g konfierte Tomate
- 1 Bund glatte Petersilie
- 20 g schwarze Oliven
- 60 g Rucola zzgl. etwas zum Anrichten
- 2 Zwiebeln
- 400 g Hackfleisch vom Stier
- 1 Ei
- etwas Olivenöl
- Salz und frisch gemahlener schwarzer Pfeffer

FÜR DIE MAYONNAISE

- 1 Eigelb
- 10 g Anchovis
- 15 g Senf
- 250 g Erdnussöl
- Salz und frisch gemahlener weißer Pfeffer

HAMBURGER MIT STIER

Für die Focaccia die frische Hefe in 400 ml warmem Wasser auflösen und mit den restlichen Zutaten zu einem Teig verkneten. Abdecken und 1 Stunde an einem warmen Ort gehen lassen. Ofen auf 180 °C vorheizen. Acht Tortenringe (Ø 10 cm) auf ein Backblech setzen und den Teig hineinfüllen. 35 Minuten im Ofen backen, herausnehmen und auf einem Kuchengitter abkühlen lassen.

Für das Stiersteak Tomate, Petersilie, Oliven und Rucola fein hacken, Zwiebeln fein schneiden. Alle Zutaten mit dem Hackfleisch in einer Schüssel mischen. Ei, Salz und Pfeffer unterrühren. Fleisch in vier gleich große Portionen teilen und Hacksteaks formen, die denselben Durchmesser wie die Brötchen haben. Kühl stellen

Für die Mayonnaise Eigelb, fein gehackte Anchovis und Senf in einer kleinen Schüssel verrühren und mit Erdnussöl zu einer Mayonnaise aufschlagen. Mit Salz und Pfeffer abschmecken. Beiseitestellen.

Wenige Spritzer Olivenöl in eine heiße Pfanne geben und die Brötchen von beiden Seiten kurz anbraten. Hacksteaks ebenfalls von beiden Seiten kurz anbraten.

Zusammenstellen

Vier Brötchen mit Mayonnaise bestreichen, Hacksteaks daraufsetzen. Noch einen Klecks Mayonnaise auf das Fleisch geben, mit Rucolablättchen garnieren, die restlichen Brötchen als Deckel auflegen.

Die ganze Provence – eingefangen in diesem Brötchen: Dieses Stierfleisch (Taureau de Camargue AOC) stammt ganz sicher von Tieren, die auf weitläufigen, uneingezäunten Weiden lebten. Mit dem ersten Bissen taucht die Landschaft der Camargue vor unserem inneren Auge auf.

Virginie BASSELOT

[SAINT JAMES PARIS]*

FÜR 4 PERSONEN

ZUBEREITUNG: 45 MINUTEN
MARINIEREN: 1 STUNDE
RUHEZEIT: 1 STUNDE + 12 STUNDEN + 30 MINUTEN
GARZEIT: 30 MINUTEN

FÜR DIE BRÖTCHEN

- 230 g Weizenmehl (Type 550)
- 14 g Zucker
- 9 g Magermilchpulver
- 4 g Salz
- 1 TL Trockenhefe
- 2 Eier
- 43 g zimmerwarme Butter
- 1 Eigelb zum Bestreichen
- schwarze Sesamsamen zum Bestreuen

FÜR DEN THUNFISCH

- 20 g Sojasauce
- Saft von 1 Limette
- 3 EL Olivenöl
- 1 EL Sesamöl
- 4 Scheiben Thunfisch (je 1 cm dick)
- 1 Gurke
- asiatische Sesamsauce

ZUSAMMENSTELLEN

- Mayonnaise
- Wasabi
- rote Shisoblätter
- Salatherzen

ASIATISCHER BURGER

Brötchenteig am Vortag zubereiten. Dafür alle Zutaten, bis auf Butter und Sesamsamen, in die Schüssel einer Küchenmaschine geben und mit dem Knethaken verrühren, bis der Teig sich von der Schüsselwand löst. Butter hinzufügen, die Maschine weiterlaufen lassen, bis der Teig sich erneut von der Schüsselwand löst. Teig in einen sauberen Behälter umfüllen, mit einem feuchten Geschirrtuch abdecken und 1 Stunde bei Zimmertemperatur gehen lassen. Den Teig von Hand kneten, bis er sein Ausgangsvolumen wieder erreicht hat, dann 12 Stunden kühl stellen.

Am nächsten Tag den Ofen auf 170 °C vorheizen. Teig ca. 6 mm dick ausrollen und mit einem Ausstecher (Ø 10 cm) Kreise ausstechen. Auf ein mit Backpapier ausgelegtes Backblech legen und abgedeckt weitere 30 Minuten gehen lassen. Mit Eigelb bestreichen, mit den Sesamsamen bestreuen und 15 Minuten backen. Die abgekühlten Brötchen halbieren.

Für den Thunfisch eine Marinade aus Sojasauce, Limettensaft, Olivenöl und Sesamöl rühren, Thunfisch darin 1 Stunde im Kühlschrank marinieren.

Währenddessen die Gurke schälen und in feine Streifen schneiden. Gurkenstreifen mit reichlich Sesamsauce würzen.

Thunfisch aus der Marinade nehmen, in einer heißen Pfanne von beiden Seiten kräftig anbraten.

Zusammenstellen

Brötchenböden mit Gurkenstreifen belegen, eventuell einen Servierring zu Hilfe nehmen, um die Streifen gleichmäßig zu verteilen. Die heißen Thunfischscheiben darauflegen. Mayonnaise nach Geschmack mit Wasabi würzen, einen Klecks auf den Thunfisch geben, mit Shisoblättern garnieren. Zum Schluss die Brötchendeckel auflegen und mit Salatherzen servieren.

Thunfisch entfaltet im Zusammenspiel mit Limette sein ganzes herb-feines Aroma. In diesem neuen Reigen kann die Kartoffel nur den Rückzug antreten, um dem bevorzugten jungen Gemüse, der schlanken Gurke und dem Salatherzchen, Platz zu machen.

Virginie
BASSELOT
[SAINT JAMES PARIS]*

FÜR 4 PERSONEN

ZUBEREITUNG: 30 MINUTEN
RUHEZEIT: 1 STUNDE + 12 STUNDEN + 30 MINUTEN
GARZEIT: 10 MINUTEN

FÜR DIE BRÖTCHEN

- 6 g Trockenhefe
- 150 g Weizenmehl (Type 405)
- 2 Eier
- 2 TL Zucker
- 2,5 g Salz
- 115 g Butter
- 1 Eigelb zum Bestreichen

FÜR DEN BURGER

- 100 ml Portwein
- 100 ml Geflügelfond
- 2 TL Balsamico
- 2 EL Olivenöl
- 100 g Portulak
- 1 große mehligkochende Kartoffel (Agria)
- 100 ml Pflanzenöl
- 4 Scheiben frische Foie gras (à 30 g)
- 4 Wolfsbarschsteaks (à 120 g, ohne Haut)
- zerstoßener Mohrenpfeffer
- Salz und frisch gemahlener weißer Pfeffer

BURGER MIT FOIE GRAS
und Wolfsbarsch

Brötchen am Vortag zubereiten. Dafür alle Zutaten, bis auf die Butter, in die Schüssel einer Küchenmaschine geben, 1 TL Wasser hinzufügen und mit dem Knethaken verrühren, bis der Teig sich von der Schüsselwand löst. Butter hinzufügen, die Maschine weiterlaufen lassen, bis der Teig sich erneut von der Schüsselwand löst.

Teig in einen sauberen Behälter umfüllen, mit einem feuchten Geschirrtuch abdecken und 1 Stunde bei Zimmertemperatur gehen lassen. Danach den Teig von Hand kneten, bis er sein Ausgangsvolumen wieder erreicht hat. 12 Stunden kühl stellen.

Am nächsten Tag den Ofen auf 170 °C vorheizen. Teig ca. 6 mm dick ausrollen und mit einem Ausstecher (Ø 10 cm) Kreise ausstechen. 30 Minuten gehen lassen, dann mit Eigelb bestreichen und 15 Minuten backen. Die abgekühlten Brötchen halbieren.

Portwein in einem Topf erhitzen und reduzieren, dann Geflügelfond angießen und weiter reduzieren. Aus Balsamico und Olivenöl eine Vinaigrette herstellen, den Portulak damit marinieren.

Für die Kartoffelchips die Kartoffel mit einem Gemüsehobel in feine Scheiben schneiden, gut abspülen, abtropfen lassen. In 160 °C heißem Fett frittieren. Die Chips müssen gelb und knusprig sein. Nach dem Frittieren gleich mit Salz und Mohrenpfeffer bestreuen. (Ambitionierte können Kartoffelgitter herstellen.)

Pfanne erhitzen. Foie-gras-Scheiben anbraten, mit Salz und Mohrenpfeffer würzen, beiseitestellen. In derselben Pfanne die Wolfsbarschsteaks braten.

Zusammenstellen

Auf die Brötchenböden zunächst den Portulak, dann das Wolfsbarschsteak und schließlich die Foie gras legen. Mit etwas Portweinsauce beträufeln und mit Kartoffelchips servieren.

Wolfsbarsch mit Foie gras von der Ente – Meer und Erde treffen aufeinander. Der Portwein verbindet das eine mit dem anderen und verleiht diesem gelungenen Miteinander festlichen Glanz.

Un Hamburger comme là bas ...
pour 4 personnes
Pain Marocain :
250g de farine
50g de semoule de blé dur

Akrame BENALLAL

[RESTAURANT AKRAME]**

FÜR 4 PERSONEN

ZUBEREITUNG: 55 MINUTEN
RUHEZEIT: 3 ½ STUNDEN
GARZEIT: 45 MINUTEN

FÜR DEN TEIG

- 10 g frische Hefe
- 250 g Weizenmehl (Type 550)
- 5 g Zucker
- 5 g Salz
- 3 Eier
- 60 g Butter

FÜR DIE FÜLLUNG

- 1 Romana-Salatherz
- 1 Ochsenherz-Tomate
- 3 Gewürzgurken
- 100 g reifer Mimolette
- 150 g gehacktes Rindfleisch (Nierenzapfen)

ZUSAMMENSTELLEN

- 4 Eigelb
- je 100 g weiße und schwarze Sesamsamen

PIE-BURGER

Für den Teig alle Zutaten außer der Butter in der angegebenen Reihenfolge in die Schüssel einer Küchenmaschine geben. Zu einem glatten Teig verarbeiten. Butter stückchenweise hinzufügen, Küchenmaschine mit mittlerer Geschwindigkeit laufen lassen, bis der Teig sich von der Schüsselwand löst. 3 Stunden ruhen lassen.

Für die Füllung Salatherz in Streifen, Tomate in Scheiben und Gewürzgurken der Länge nach in Scheiben schneiden. Den Käse reiben, das Hackfleisch in der Pfanne anbraten.

Zusammenstellen

Teig ausrollen. Salat, Käse, Fleisch, Gewürzgurken und Tomaten in die Mitte des Teigfladens legen, zu einer Rolle formen und fest verschließen. Die Oberseite der gefüllten Teigrolle mit Eigelb bestreichen. An einem warmen Ort oder im warmen Ofen (40 °C) 30 Minuten gehen lassen, anschließend herausnehmen und den Ofen auf 180 °C vorheizen.

Weiße Sesamsamen in einer Pfanne ohne Fett rösten. Teigrolle erneut mit Eigelb bestreichen und mit schwarzen und weißen Sesamsamen bestreuen. Auf ein Blech geben und 30 Minuten backen. Auf ein Gitter umsetzen und weitere 10 Minuten backen.

Mit Freunden zusammen genießen. Den Gaumen überraschen mit weichem Brot, saftigem Rind und knackiger Gewürzgurke.

Akrame
BENALLAL
[RESTAURANT AKRAME]**

FÜR 4 PERSONEN

ZUBEREITUNG: 50 MINUTEN
GARZEIT: 50 MINUTEN

FÜR DIE CHAMPIGNONS

- Saft von 1 Zitrone
- 8 große Champignons (zum Füllen)
- 250 g kleine weiße Champignons
- 1 Schalotte
- 1 EL Olivenöl
- Salz und frisch gemahlener weißer Pfeffer

FÜR DIE MAISMAYONNAISE

- 250 g Mais aus der Dose zzgl. etwas Sud
- 2 Eigelb
- 50 g Senf
- 220 ml Olivenöl
- Salz und frisch gemahlener weißer Pfeffer

ZUSAMMENSTELLEN

- 1 Lollo rosso
- 1 Daikon-Rettich
- 4 EL geröstete weiße Sesamsamen

VEGGIE-BURGER
mit Champignons

Für die Champignons 1 l Wasser mit Salz und Zitronensaft aufkochen. Die großen Champignons häuten und Stiele abschneiden. Pilzköpfe je nach Größe 10–15 Minuten in Salzwasser kochen, auf Küchenpapier abtropfen lassen.

Die kleinen weißen Champignons fein hacken. Schalotte fein würfeln, in Olivenöl anschwitzen. Gehackte Champignons hinzufügen, zurückhaltend salzen und pfeffern, 30 Minuten garen, dabei von Zeit zu Zeit umrühren.

Für die Mayonnaise den Mais mit seinem Sud mixen und anschließend passieren. Maiscoulis beiseitestellen. Eigelb, Salz und Senf verrühren. Unter ständigem Rühren nach und nach das Olivenöl einarbeiten. Zum Schluss 100 g Maiscoulis hinzufügen, mit Salz und Pfeffer abschmecken.

Lollo rosso klein schneiden. Mit dem Gemüsehobel hauchdünne Scheiben vom Daikon-Rettich abhobeln. Die Rettichscheiben leicht überlappend zusammenlegen und vier Quadrate mit jeweils 5 cm Seitenlänge herausschneiden.

Zusammenstellen

Die Champignons zum Füllen auf den Kopf legen. Mit je einer Schicht Mayonnaise, Salat und geschmorten Champignons füllen, noch einen Klecks Mayonnaise und Maiscoulis oben draufgeben. Vier Champignons mit einem Rettichquadrat belegen und jeweils einen zweiten gefüllten Champignonkopf als Deckel aufsetzen. Mit gerösteten Sesamsamen bestreuen.

Ein Champignon-Duett: im Ganzen gekocht und als Duxelles. Der fein gehobelte Rettich scheint – wie ein hauchdünnes Blatt – fast zu schweben. Wie auf Zehenspitzen kommen Sesam und Maiscoulis leicht und leise daher und runden das Ganze mit subtiler Süße ab.

FÜR 4 PERSONEN

ZUBEREITUNG: 30 MINUTEN
RUHEZEIT: 6–10 STUNDEN
MARINIEREN: 2 STUNDEN
GARZEIT: 30 MINUTEN

Georges
BLANC
[RESTAURANT GEORGES BLANC] ***

FÜR DIE BRÖTCHEN

- 270 ml Milch
- 20 g frische Hefe
- 800 g Weizenmehl (Type 405) zzgl. etwas zum Bestäuben
- 200 g Weizenmehl (Type 550)
- 220 g weiche Butter
- 20 g Salz
- 40 g Zucker
- 2 Eier

FÜR DAS BASILIKUMÖL

- 1 Bund Basilikum
- 330 ml Olivenöl

FÜR DIE POULARDENFILETS

- 1 TL gemahlene Kurkuma
- 1 TL frisch gemahlener Kreuzkümmel
- 1 TL Piment d'Espelette
- 1 Prise Fleur de Sel
- 6 Basilikumblätter
- 2 Poulardenfilets (Bressehuhn AOC)
- 1 EL Olivenöl
- Salz und frisch gemahlener weißer Pfeffer

FÜR DIE JOGHURTSAUCE

- 1 Handvoll Basilikumblätter
- 2 Knoblauchzehen
- 120 ml Naturjoghurt
- 1 EL Savora (französische Würzpaste auf Senfbasis)
- 1 EL Zitronensaft
- Salz und frisch gemahlener weißer Pfeffer

ZUSAMMENSTELLEN

- 1 Zwiebel
- 10 g Butter
- 20 g Zucker
- 5 g frischer Zitronenthymian
- 4–8 Rucolablätter
- einige Minzblätter

BRESSE-BURGER mit Basilikum

Für die Brötchen die Milch handwarm erwärmen, die Hefe hineinbröseln und unter Rühren komplett auflösen. Sämtliche Zutaten von Hand bei einer Temperatur von ca. 25 °C zu einem weichen, glatten Teig verkneten. Teig im Kühlschrank über Nacht (mindestens 6 Stunden) ruhen lassen. Den Ofen auf 200 °C vorheizen. Teig in vier Portionen teilen, auf der Arbeitsfläche zu Kugeln formen. Kugeln auf ein Blech setzen und etwas flach drücken, mit Mehl bestäuben und ca. 15 Minuten backen.

Für das Basilikumöl die Basilikumstängel 2–3 Minuten in kochendes Wasser tauchen, anschließend eiskalt abschrecken und trocken tupfen. Die Blätter von den Stängeln zupfen, 15 g abwiegen und mit 80 ml Olivenöl in den Mixer geben. Mixen, bis das Öl eine gleichmäßige, intensiv grüne Farbe angenommen hat. Durch ein feines Stofftuch filtern und beiseitestellen.

Für die Poularde eine Marinade aus 2 EL des Basilikumöls, Kurkuma, Kreuzkümmel, Piment d'Espelette, Fleur de Sel und einigen Basilikumblättern anrühren. Poulardenfilets in die Marinade legen und 2 Stunden im Kühlschrank ziehen lassen.

Die Filets leicht abtupfen, Olivenöl in einer beschichteten Pfanne erhitzen und die Filets bei schwacher Hitze 5 Minuten zugedeckt braten. Alternativ können die Filets auch auf dem Grill gebraten werden. Mit Salz und frisch gemahlenem Pfeffer abschmecken, in feine Streifen schneiden und beiseitestellen.

Basilikumblätter mit den Knoblauchzehen fein wiegen und mit dem Joghurt mischen. 1 TL Savora hinzufügen. Mit einem Spritzer Zitronensaft, Salz und Pfeffer abschmecken.

Zusammenstellen

Die Zwiebel in feine Scheiben schneiden. Die Butter zerlassen, 1 Msp. Salz, Zucker und Zitronenthymian und die Zwiebeln hineingeben und leicht karamellisieren.

Brötchen halbieren und toasten. Anschließend mit Basilikumöl beträufeln und mit Joghurtsauce bestreichen. Mit Geflügelstreifen belegen, mit Rucola- und nach Geschmack Minzblättchen und den karamellisierten Zwiebeln garnieren. Zum Schluss die Brötchendeckel auflegen. Sofort servieren.

Stahlblaue Beine, weißes Gefieder, roter Kamm: Daran erkennt man das echte Bressehuhn. Das zubereitete Geflügel ist eine wahre Gaumenfreude. Sein zartes Fleisch, dessen feiner Geschmack sich ganz langsam durch das Fleur de Sel entfaltet ...

FÜR 4 PERSONEN

ZUBEREITUNG: 45 MINUTEN
RUHEZEIT: 7 STUNDEN
GARZEIT: 25 MINUTEN

FÜR DIE BRÖTCHEN

- 270 ml Milch
- 20 g frische Hefe
- 800 g Weizenmehl (Type 405)
- 200 g Weizenmehl (Type 550)
- 220 g weiche Butter
- 20 g Salz
- 40 g Zucker
- 2 Eier

FÜR DEN AVOCADODIP

- 2 Avocados
- 2 EL Limettensaft
- 1 EL Tomatenconcassée
- 40 g Crème fraîche
- 1 Prise Piment d'Espelette
- Salz und weißer Pfeffer

FÜR DAS DATTELPÜREE

- 150 g Datteln (Medjool)
- 250 ml Orangensaft
- 50 ml Rotweinessig

FÜR DEN TEMPURATEIG

- 100 g Weizenmehl (Type 405)
- 50 g Kartoffelstärke
- ½ Tütchen Backpulver
- 1 TL Salz
- 1 Eigelb
- ca. 150 ml kaltes Wasser

FÜR DEN KREBS-PATTY

- 200 g Krebsfleisch
- 15 g frischer Koriander
- 25 g Zwiebeln
- 5 g Ingwer
- 6 g gehackter Knoblauch
- 4 g Senfkörner
- 4 g gemahlener Kreuzkümmel
- 1 Prise Kurkumapulver
- 1 Prise gemahlene Chilischoten
- 1 EL Olivenöl
- Saft von 1 Zitrone
- 2 EL Mehl
- 100 g Panko
- 1 rote Zwiebel
- Pflanzenöl zum Frittieren
- Salz und weißer Pfeffer

Georges BLANC

[RESTAURANT GEORGES BLANC] ***

BURGER MIT KREBSFLEISCH

und exotischen Gewürzen

Für die Brötchen die Milch handwarm erwärmen, die Hefe hineinbröseln und unter Rühren komplett auflösen. Sämtliche Zutaten von Hand bei einer Temperatur von ca. 25 °C zu einem weichen, glatten Teig verkneten. Teig im Kühlschrank über Nacht (mindestens 6 Stunden) ruhen lassen. Den Ofen auf 200 °C vorheizen. Teig in vier Portionen teilen, auf der Arbeitsfläche zu Kugeln formen. Kugeln auf ein Blech setzen und etwas flach drücken, mit Mehl bestäuben und ca. 15 Minuten backen.

Anschließend für den Dip das Avocadofruchtfleisch mit Limettensaft, Tomatenconcassée und Crème fraîche mixen. Mit Salz, Pfeffer und Piment d'Espelette abschmecken. Beiseitestellen.

Datteln pürieren. In einen Topf geben und mit Orangensaft und Rotweinessig verrühren. Aufkochen, durch ein Sieb streichen und beiseitestellen.

Für den Tempurateig Mehl, Kartoffelstärke, Backpulver, Salz, Eigelb und das kalte Wasser in einer Schüssel mit dem Schneebesen zu einem dickflüssigen Teig verrühren. Den Teig ½ –1 Stunde an einem kühlen Ort ruhen lassen.

Krebsfleisch zerkleinern. Für die Gewürzmischung frischen Koriander und Zwiebeln fein hacken, Ingwer und Knoblauch pürieren, Senfkörner mahlen. Alles zusammen mit Kreuzkümmel, Kurkuma und fein gemahlener Chilischote in einer Schüssel mischen. 40 g der Gewürzmischung unter das Krebsfleisch rühren, 100 g Avocado-Dip, etwas Olivenöl und Zitronensaft hinzufügen und gut verrühren. Mit Salz und Pfeffer abschmecken. Beiseitestellen.

Krebsfleisch-Masse in vier gleich große Portionen teilen und zu Kugeln formen Die Kugeln in Mehl wenden, leicht abklopfen, einzeln in den Tempurateig tauchen, zum Schluss in Paniermehl wenden. Vorgang wiederholen, dann die Krebskugeln in 180 °C heißem Fett frittieren, abtropfen lassen und beiseitestellen.

Rote Zwiebel in feine Ringe schneiden, einige Sekunden in der 180 °C heißen Fritteuse frittieren.

Zusammenstellen

Brötchen halbieren, mit Olivenöl benetzen. Brötchenböden mit Dattelpüree bestreichen. Darauf zuerst das Krebsfleisch, dann die Zwiebelringe und zum Schluss die Brötchendeckel legen. Sofort servieren.

Heimlich, still und leise verließ die sämigste aller Datteln ihren Palmenhain, um den Krebs zu überraschen. Die Medjool war mehr als willkommen. Außerdem zugegen: die Orange und die Chilischote. Berauschend!

Sébastien BRAS

[BRAS]***

FÜR 4 PERSONEN

ZUBEREITUNG: 1 ½ STUNDEN
GARZEIT: 30 MINUTEN

FÜR DIE BROTKUGELN

- 180 g feines Paniermehl
- 1 EL Walnussöl
- 1 EL Erdnussöl
- 40 g geklärte Butter
- 5 Eiweiß
- 3 g Buchweizenflocken
- 3 g Haferflocken
- 3 g Roggenflocken
- 3 g Leinsamen

FÜR DIE TOMATENSCHMELZE

- 300 g Tomaten
- 20 g Butter
- 100 g Rohrohrzucker
- 1 Prise gemahlene Chilischoten
- Salz und frisch gemahlener schwarzer Pfeffer

WEITERE ZUTATEN

- 1 Senfstängel mit Grün
- 1 süße Zwiebel (Cèbe de Lézignan)
- 80 g Laguiole-Käse (12 Monate gereift)

ZUSAMMENSTELLEN

- Butter
- 4 Steak haché (à 70 g aus Aubrac-Rind, alternativ per Hand zu Hackfleisch verarbeitet, nicht gewolft)
- Salz und frisch gemahlener schwarzer Pfeffer

TATAR-BURGER

mit Tomatenconfit, Zwiebel und Laguiole

Für die Brotkugeln alle Zutaten in einer Schüssel zu einem glatten Teig verrühren. Ofen auf 190 °C vorheizen. Halbkugel-Backform (Silikon oder Metall) mit der Teigmasse auskleiden. Im vorgeheizten Ofen 7 Minuten backen. Eventuell etwas länger im Ofen lassen, je nachdem, ob die Kugeln knusprig oder etwas weicher sein sollen. Aus der Form nehmen und abkühlen lassen.

Für die Tomatenschmelze die Tomaten häuten und entkernen. Mit der Butter und dem Zucker zu einer sämigen Schmelze von intensiver Farbe schmoren. Mit Salz, Pfeffer und einer Prise Chilipulver abschmecken. Beiseitestellen.

Von dem Senfkraut die Blätter abzupfen. Blätter und Stiele in kochendem Salzwasser blanchieren, dann eiskalt abschrecken. Abtropfen lassen, klein schneiden und beiseitestellen.

Zwiebel schälen und unter fließendem Wasser abspülen. Fein würfeln und kalt stellen. Den Käse in Scheiben schneiden.

Zusammenstellen

Den Ofen auf 160 °C vorheizen. Die Brothalbkugeln aufwärmen. Butter in einer Pfanne zerlassen, Senfstile und -blätter darin erhitzen. Auf vier Brothalbkugeln verteilen. Steak haché in der Pfanne anbraten, auf die Senfblätter legen, mit Laguiole-Käsescheiben belegen. Mit Tomatenschmelze würzen und mit rohen Zwiebelringen garnieren. Burger mit einer zweiten Brothalbkugel schließen. Sofort servieren.

Heute wie gestern sind Rinderaufzucht und Käseherstellung auf der im südwestlichen Zentralmassiv gelegenen Hochebene von Aubrac eine Herzensangelegenheit. Fleisch und Käse dieser Gegend bilden die Grundlage zu dieser kulinarischen Liebeserklärung.

Sébastien BRAS

[BRAS]***

FÜR 4 PERSONEN

ZUBEREITUNG: 2 STUNDEN
MARINIEREN: 3 TAGE
GARZEIT: 20 MINUTEN

FÜR DIE BÄRWURZEMULSION

- 1 Bund Bärwurz (alternativ Fenchelkraut)
- 200 ml Traubenkernöl
- 1 Ei
- 2 EL Gemüsebrühe

FÜR DEN STOCKFISCH

- 350 g Stockfisch

FÜR DIE BROTKUGELN

- 180 g feines Paniermehl
- geklärte Butter
- 5 Eiweiß
- 1 EL Walnussöl
- 3 EL Erdnussöl
- 3 g gemahlener Kreuzkümmel
- 3 g gemahlene Anissamen
- 3 g gemahlene Fenchelsamen
- 3 g Koriandersamen

WEITERE ZUTATEN

- 1 Fenchelknolle
- 100 ml Olivenöl
- 1 runde Zucchini
- 1 grüne Zucchini
- 1 gelbe Zucchini
- 1 gestreifte Zucchini
- 1 grüner Patisson-Kürbis
- 1 gelber Patisson-Kürbis
- ½ Salzzitrone
- je 4 Blätter Katzenminze, Bergminze
- je 4 Stängel Süßdolde, Kerbel, Dill, rotlaubiger Fenchel

ZUSAMMENSTELLEN

- 40 g Butter
- 80 g Laguiole-Käse (4 Monate gereift)

BURGER MIT STOCKFISCH

und Bärwurz

Ein paar Tage vorher die Bärwurzstängel (alternativ das Fenchelkraut) in Traubenkernöl einlegen.

Stockfisch in acht dicke Scheiben schneiden und zum Entsalzen mindestens 24 Stunden wässern, das Wasser mehrfach wechseln.

Am Tag der Zubereitung die Bärwurzstängel aus dem Öl nehmen. Das Ei sehr weich kochen. Das aromatisierte Öl mit Gemüsebrühe und dem weich gekochten Ei zu einer Emulsion aufschlagen.

Für die Brotkugeln alle Zutaten in einer Schüssel zu einem glatten Teig verarbeiten. Den Ofen auf 190 °C vorheizen. Eine Halbkugel-Backform (Silikon oder Metall) mit der Teigmasse auskleiden. Im vorgeheizten Ofen 7 Minuten backen. Eventuell etwas länger im Ofen lassen, je nachdem, ob die Kugeln knusprig oder etwas weicher sein sollen. Aus der Form nehmen und abkühlen lassen.

Stilansätze von der Fenchelknolle abschneiden. Knolle unter fließendem Wasser abspülen. In Streifen schneiden und in Olivenöl pochieren. Beiseitestellen. Zucchini und Patisson in dünne Stifte schneiden. In kochendes Salzwasser geben und ca. 10 Minuten kochen. Danach eiskalt abschrecken. Abtropfen lassen und beiseitestellen.

Salzzitrone vierteln, Fruchtfleisch von der Schale trennen. Von der Schale feine Zesten abreißen und beiseitestellen. Kräuter waschen, trocken tupfen, Blättchen bzw. kleine Zweige abzupfen und beiseitestellen.

Zusammenstellen

Den Ofen auf 160 °C vorheizen. Die Brothalbkugeln erwärmen. Butter in einer Pfanne zerlassen und die Zucchini- und Kürbisstifte darin erhitzen. Die vier unteren Brötchenhälften damit belegen. Stockfisch anbraten und auf die Gemüsestifte legen. Hauchdünne Scheiben Languiole-Käse darüberlegen. Mit der Bärwurzemulsion würzen. Salzzitronenzesten und Kräuter darüberstreuen. Die restlichen Brothalbkugeln auflegen, sofort verzehren.

Bärwurz, in Frankreich auch Bergfenchel genannt, gehört zu den Doldenblütlern. Einige Köche würden für dieses Gewürzkraut dem Teufel ihre Seele überlassen. Dem frisch entsalzenen Stockfisch verleiht es ein wunderbares Aroma und bildet mit dem jungen Laguiole einen harmonischen Zusammenklang.

Gontran CHERRIER

[GONTRAN CHERRIER, BÄCKERMEISTER]

FÜR 4 PERSONEN

ZUBEREITUNG: 20 MINUTEN
MARINIEREN: 12 STUNDEN
RUHEZEIT: 2 STUNDEN
GARZEIT: 10–12 MINUTEN

FÜR DIE BACKPFLAUMEN

- 4 schwarze Pfefferkörner
- 20 ml Weinessig
- 200 ml roter Likörwein (Rivesaltes)
- 1 kleine Zimtstange
- 6 Backpflaumen

FÜR DIE BRÖTCHEN

- 10 g frische Hefe
- 120 ml Milch
- 60 g getrocknete Feigen
- 200 g Weizenmehl (Type 550)
- 3 g Salz
- 20 g weiche Butter
- 60 g Mandelblättchen

WEITERE ZUTATEN

- 8 Kerbelstängel
- 120 g feine Scheiben Coppa
- 400 g Schafsfrischkäse
- etwas Olivenöl
- frisch gemahlener bunter Pfeffer

ZUSAMMENSTELLEN

- 30–40 g junger Spinat
- Salz und frisch gemahlener Pfeffer

FEIGEN-BURGER

mit Mandeln, Schafsfrischkäse und Coppa

Am Vortag den Pfeffer zerstoßen. Weinessig und Likörwein mit der Zimtstange und dem zerstoßenen Pfeffer aufkochen. Die Backpflaumen in den Sud legen, abkühlen lassen. In einem geschlossenen Behälter bis zum nächsten Morgen in den Kühlschrank stellen.

Für die Brötchen die Hefe in warmer Milch auflösen. Feigen klein schneiden und beiseitestellen. Alle Zutaten außer den Mandeln und den Feigen in die Schüssel einer Küchenmaschine geben. Auf niedrigster Stufe 5 Minuten mit dem Knethaken rühren. Dann auf die nächste Stufe hochschalten und weitere 5 Minuten kneten. Feigen hinzufügen und auf der niedrigsten Stufe weiterrühren, bis die Feigen gleichmäßig in den Teig eingearbeitet sind.

Den Teig in der Schüssel mit einer Folie abdecken und 15 Minuten ruhen lassen. Danach in vier Portionen teilen und zu Kugeln formen. Die Brötchen mit der glatten Seite auf ein angefeuchtetes Küchenpapier legen, danach in Mandelblättchen wälzen.

Die Brötchen auf ein mit Backpapier ausgelegtes Backblech setzen. Mit Folie abdecken und 1 ½–2 Stunden gehen lassen. Den Ofen auf 220 °C vorheizen. Brötchen in den Ofen schieben, gleichzeitig eine Schale mit kochendem Wasser hineinstellen. Brötchen 10–12 Minuten backen.

Kerbelblättchen abzupfen, beiseitestellen. Coppa locker in eine Schüssel legen, Kerbel und Olivenöl hinzufügen, leicht pfeffern und mit den Fingerspitzen vorsichtig mischen, sodass die Scheiben nicht zusammenfallen.

Von dem Schafsfrischkäse 3 EL in eine andere Schüssel geben und mit Olivenöl glatt rühren.

Zusammenstellen

Brötchen aufschneiden. Die unteren Hälften mit der Frischkäsecreme bestreichen, dann mit Coppa belegen. Backpflaumen vierteln und auf den Coppa legen. Mit einem Teelöffel ein paar Bröckchen Schafsfrischkäse darüber verteilen. Spinatblätter auflegen, mit Salz und Pfeffer würzen, dann die obere Brötchenhälfte auflegen.

Die mit süßem Wein vollgesogenen Backpflaumen sind einfach nur köstlich. Feige und Mandel helfen, das Aroma dieses Schafsfrischkäses zu entfalten, der so vollkommen nach Provence schmeckt.

Gontran CHERRIER

[GONTRAN CHERRIER, BÄCKERMEISTER]

FÜR 4 PERSONEN

ZUBEREITUNG: 20 MINUTEN
RUHEZEIT: 1 ¾–2 ¼ STUNDEN
GARZEIT: 25 MINUTEN

FÜR DIE BRÖTCHEN

- 10 g frische Hefe
- 120 ml Milch
- 200 g Weizenmehl (Type 550)
- 10 g Sepiatinte
- 3 g Salz
- 20 g weiche Butter
- Schwarzkümmelsamen

FÜR DIE MAYONNAISE

- 1 Eigelb
- 1 TL Senf
- ½ TL Essig
- 1 gestr. TL gehackte Shisoblätter
- 1 Msp. Salz
- 140 ml Sonnenblumenöl

WEITERE ZUTATEN

- 16 kleine Kalmare
- etwas Olivenöl
- 4 Scheiben geräucherter roher Schinken
- Salz

ZUSAMMENSTELLEN

- 30 g Tête de Moine (gehobelt)
- roter Salat (Batavia oder kleine Radicchioblätter)

TINTEN-BURGER

mit gegrilltem Kalmar und Speck

Für die Brötchen die Hefe in warmer Milch auflösen. Alle Zutaten außer dem Schwarzkümmel in die Schüssel einer Küchenmaschine geben. Auf niedriger Stufe 5 Minuten mit dem Knethaken rühren. Dann auf höherer Stufe weitere 5 Minuten kneten. Den Teig in der Schüssel mit einer Folie abdecken und 15 Minuten ruhen lassen. Danach in vier Portionen teilen und zu Kugeln formen. Die Brötchen mit einer Seite auf ein angefeuchtetes Küchenpapier legen, danach in Schwarzkümmelsamen wälzen.

Anschließend die Brötchen auf ein mit Backpapier ausgelegtes Backblech setzen. Mit Folie abdecken und 1 ½–2 Stunden gehen lassen. Den Ofen auf 220 °C vorheizen. Brötchen in den Ofen schieben, gleichzeitig eine Schale mit kochendem Wasser in die Auffangschale hineinstellen, 10–12 Minuten backen.

Für die Mayonnaise Eigelb mit Senf, Essig und den gehackten Shisoblättern verrühren. Salz hinzufügen und nach und nach mit dem Sonnenblumenöl aufschlagen.

Kalmare halbieren und in der Pfanne braten, leicht salzen. Pfanne auswischen, dann die Schinkenspeckscheiben darin anbraten.

Zusammenstellen

Brötchen halbieren, die unteren Hälften mit Mayonnaise bestreichen, Schinkenspeckscheiben halbieren und auf die Mayonnaise legen. Gebratene Kalmare auf den Schinkenspeck setzen, einige Lamellen Tête de Moine darüberstreuen, zum Schluss die Salatblätter und die oberen Brötchenhälften auflegen.

Bergwiesen und Meer vereinen sich und versetzen unsere Papillen mit der buttrig-salzigen Note des Tête de Moine und dem frischen Meeresduft des kurz gebratenen Kalmars in freudige Aufruhr …

Mauro COLAGRECO

[MIRAZUR]**

FÜR 4 PERSONEN

ZUBEREITUNG: 30 MINUTEN
RUHEZEIT: 12 STUNDEN + 1 ½ STUNDEN
GARZEIT: 70 MINUTEN

FÜR DIE AUBERGINENSTEAKS

- 2 große violette Auberginen (aus Sizilien)
- Öl

FÜR DIE BRÖTCHEN

- 675 g Weizenmehl (Type 550)
- 80 g Weizenmehl (Type 405)
- 45 ml Milch
- 10 g Trockenhefe
- 38 g Zucker
- 22 g Salz
- 1 Ei
- 50 g Butter
- 10 g Sonnenblumenkerne

FÜR DIE MAYONNAISE

- 1 Bund Koriander
- 1 Eigelb
- 10 g Senf
- 250 ml Sonnenblumenöl

WEITERE ZUTATEN

- etwas Olivenöl
- 4 Eier
- 4 mittelgroße Ananastomaten
- 2 große rote Zwiebeln (Tropea)

ZUSAMMENSTELLEN

- 4 Blätter Salat (Romana)
- 1 Handvoll Basilikumblätter (verschiedene Sorten)
- Salz und frisch gemahlener schwarzer Pfeffer

AUBERGINEN-HAMBURGER

Auberginen am Vortag vorbereiten. Den Ofen auf 100 °C vorheizen, Dampf zuschalten und die ganze Auberginen 35 Minuten dünsten. Alternativ kochendes Wasser in die Fettauffangschale gießen. Auberginen herausnehmen, längs halbieren. Fruchtfleisch einsalzen. Auberginenhälften zwischen zwei gelochte Bleche legen, oberes Blech beschweren und die Auberginen 12 Stunden entwässern.

Am nächsten Tag für den Brötchenteig alle Zutaten außer den Sonnenblumenkernen in die Schüssel einer Küchenmaschine geben, 250 ml Wasser hinzufügen und auf niedriger Stufe 5 Minuten und danach noch einmal 10 Minuten auf höherer Stufe schlagen. Teig aus der Schüssel nehmen und durchkneten, Kugeln à 200 g formen, 1 ½ Stunden gehen lassen. Wenn die Kugeln das doppelte Volumen angenommen haben, den Ofen auf 170 °C vorheizen. Brötchen sparsam mit Sonnenblumenkernen bestreuen, im Kombidämpfer mit 10 % Feuchte 10–15 Minuten backen. Alternativ kochendes Wasser in die Fettauffangschale geben.

Die Auberginenhälften in dicke Scheiben schneiden. Mit einem Ausstecher (Ø 8 cm) vier runde Steaks ausstechen. Öl in eine Pfanne geben, Auberginensteaks von beiden Seiten kräftig anbraten.

Für die Mayonnaise Koriander in kochendem Wasser blanchieren, in Eiswasser abschrecken und im Mixer pürieren. Eigelb mit Senf in einer Schüssel verrühren. Mit Sonnenblumenöl aufschlagen. Korianderpüree unterrühren, bis die Mayonnaise gleichmäßig grün gefärbt ist.

Eine Pfanne mit Olivenöl fetten. Die Eier in die kalte Pfanne schlagen. Erst dann erhitzen. Die gebratenen Eier auf einen Teller geben und mit einem Ausstecher (Ø 8 cm) in eine gleichmäßig runde Form bringen.

Tomaten in Scheiben schneiden. Zwiebeln in dicke Ringe schneiden und bei mäßiger Hitze grillen, sie dürfen nicht dunkel werden.

Zusammenstellen

Hamburgerbrötchen aufschneiden. Mit den Innenseiten kurz auf den Grill legen. Die untere Hälfte mit Koriandermayonnaise bestreichen. Salatblätter in Streifen schneiden. Zuerst Salatstreifen, dann Tomatenscheiben auflegen. Auberginensteak auf die Tomaten setzen, mit gegrillten Zwiebelringen belegen. Dann das Spiegelei aufsetzen, einige Basilikumblättchen darüberstreuen. Zum Schluss den Brötchendeckel auflegen.

Sanfte Entführung auf Italienisch: Die sizilianische Aubergine hat das Rind verjagt, der Korianderpesto den Ketchup. In diesem Italo-Western sitzt das Ei als Sheriff fest im Sattel.

Mauro COLAGRECO

[MIRAZUR]**

FÜR 4 PERSONEN

ZUBEREITUNG: 30 MINUTEN
RUHEZEIT: 1 ½ STUNDEN
GARZEIT: 1 STUNDE

HAMBURGER MIT BONITO

FÜR DIE BRÖTCHEN

- 750 g Weizenmehl (Type 405)
- 10 g Trockenhefe
- 50 g Butter
- 1 Ei
- 38 g Zucker
- 22 g Salz
- 40 g schwarze Sesampaste
- 10 g weiße Sesamsamen

FÜR DIE MAYONNAISE

- 1 Eigelb
- 10 g Senf
- 1 TL Wakame-Algenpulver
- 200 ml Sonnenblumenöl
- Salz und frisch gemahlener Pfeffer

FÜR DIE MARINIERTEN GURKEN

- 200 ml Weißweinessig
- 40 g Zucker
- 40 g Honig
- 1 Sternanis
- 3 Pfefferkörner (Sawarak)
- 5 Koriandersamen
- 1 Lorbeerblatt
- 1 gelbe Gurke

WEITERE ZUTATEN

- 4 Filets vom Echten Bonito (à 200 g)
- 2 große grüne Tomaten
- 40 g Ingwer
- 200 ml Reisessig
- 1 Fenchelknolle

ZUSAMMENSTELLEN

- 10 Stängel Fenchelgrün
- 10 Fenchelblüten
- 20 Mizunablätter (asiatisches Salatkraut)

Für den Teig alle Zutaten außer den Sesamsamen in die Schüssel einer Küchenmaschine geben, 270 ml Wasser hinzufügen und auf niedriger Stufe 5 Minuten und danach noch einmal 10 Minuten auf höherer Stufe schlagen. Teig aus der Schüssel nehmen und durchkneten, Kugeln à 200 g formen, 1 ½ Stunden gehen lassen.

Wenn die Kugeln das doppelte Volumen angenommen haben, den Ofen auf 170 °C vorheizen. Brötchen mit Sesamsamen bestreuen, im Kombidämpfer mit 10 % Feuchte 10–15 Minuten backen. Alternativ kochendes Wasser in die Fettauffangschale geben.

Für die Mayonnaise Eigelb mit Senf und Algenpulver in einer Schüssel verrühren. Mit Sonnenblumenöl aufschlagen. Mit Salz und frisch gemahlenem Pfeffer abschmecken.

Weißweinessig mit Zucker, Honig, 1,5 l Wasser und den Gewürzen vermischen. Gurke in feine Scheiben schneiden und in die Marinade geben.

Bonitofilets zuerst von beiden Seiten auf dem Grill anbraten, um das typische Grillmuster zu erzielen. Dann im Salamander bzw. im Ofen in 3 Minuten fertig garen. In ½ cm dicke Scheiben mit glattem Rand teilen, beiseitestellen.

Tomaten in dicke Scheiben schneiden. Ingwer schälen und mit dem Gemüsehobel in feine Lamellen schneiden. Einige Minuten in Reisessig einlegen. Fenchelknolle längs halbieren, den Strunk herausschneiden, anschließend mit dem Gemüsehobel in hauchdünne Streifen schneiden. In einer Schüssel mit Eiswasser beiseitestellen.

Zusammenstellen

Brötchen aufschneiden. Mit den Innenseiten kurz auf den Grill legen. Die untere Hälfte mit Mayonnaise bestreichen und mit Tomatenscheiben, marinierter Gurke, Ingwerlamellen und Bonitoscheiben belegen. Zum Schluss mit Fenchelstreifen, Fenchelgrün, Fenchelblüten und Mizunablättchen garnieren und den Brötchendeckel auflegen.

Ein sommerliches Mittagessen: Wie ein Hauch Japan über dem Mittelmeer – in dieser imaginären Landschaft gehen Wakame, Ingwer und schwarzer Sesam mit Bonito und Gemüsefenchel neue Verbindungen ein.

Jacques
DECORET
[MAISON DECORET]*

FÜR 8 PERSONEN

ZUBEREITUNG: 1 ½ STUNDEN
RUHEZEIT: 2 STUNDEN
GARZEIT: 1 ½ STUNDEN

FÜR DIE BRÖTCHEN (16 STÜCK)
- 20 g frische Hefe
- 2 TL Zucker
- 200 ml Milch
- 700 g Weizenmehl (Type 550)
- 2 TL Salz
- 1 Ei
- 40 g Butter
- 1 Bund glatte Petersilie
- 1 Eigelb
- 10 g Sahne
- 50 g Haselnussblättchen

FÜR DIE KRÄUTERMAYONNAISE
- 2 Eier
- 1 EL Senf
- 2 EL Rotweinessig
- 150 ml Erdnussöl
- 200 ml Haselnussöl aus gerösteten Haselnüssen
- 2 EL gehackte Haselnüsse
- 2 EL fein gewiegte glatte Petersilie
- 1 EL fein gewiegte Estragonblätter
- Salz und frisch gemahlener Pfeffer

FÜR DIE FROSCHSCHENKEL
- 24 Paar Froschschenkel
- 150 g Mehl
- 50 g Butter
- 2 EL gehackte glatte Petersilie
- 2 EL gewürfeltes Roggenbrot
- 1 EL gewürfelte Salzzitronenschale

ZUSAMMENSTELLEN
- 8 Bärlauchblätter
- Gartenkresse
- Maldon Sea Salt

BURGER MIT FROSCHSCHENKEL
im Kräuterbett

Für den Brötchenteig Hefe und Zucker in warmer Milch auflösen. Mehl und Salz in einer Schüssel mischen, warme Milch, das Ei und weiche Butter hinzufügen. Zu einem homogenen elastischen Teig kneten. Mit einem feuchten Geschirrtuch abdecken und 1 Stunde gehen lassen. In dieser Zeit die Petersilienblättchen von den Stängeln zupfen und in kochendem Salzwasser blanchieren. Eiskalt abschrecken und abtropfen lassen. Im Mixer pürieren und durch ein feines Sieb streichen, um eine feine Paste zu erhalten.

Von dem fertig gegangenen Teig ein Drittel abteilen und die Petersilienpaste einarbeiten. Aus dem weißen und dem grünen Teig jeweils 16 Kugeln formen. Die kleineren grünen Kugeln in die Mitte der größeren weißen Kugeln einarbeiten, und jeweils zu einer großen Kugel rollen.

Auf ein mit Backpapier ausgelegtes Backblech setzen, dabei etwas flach drücken und abgedeckt 1 Stunde gehen lassen. Den Ofen auf 200 °C vorheizen. In acht der Teiglinge oben in die Mittel eine tiefe Mulde drücken. Eigelb und Sahne gut verquirlen und alle Teiglinge damit bestreichen. Die Teiglinge ohne Mulde mit Haselnussblättchen bestreuen. Im vorgeheizten Ofen 18 Minuten backen.

Eier hart kochen, kalt abschrecken und pellen. Eigelb auslösen und in einer Schüssel mit der Gabel zerdrücken, Senf und Essig unterrühren und nach und nach mit den beiden Ölen zu einer Mayonnaise aufschlagen. Mit Salz und frisch gemahlenem Pfeffer abschmecken. Gehackte Haselnüsse, Petersilie und Estragon unterziehen. In einen Spritzbeutel (Tülle Nr. 8) füllen und in den Kühlschrank legen.

Die Froschschenkelpaare in einzelne Schenkel teilen. 24 Froschschenkel mit Knochen für die Dekoration beiseitestellen, bei den restlichen 24 die Knochen entfernen und ebenfalls beiseitestellen.

Alle Froschschenkel in Mehl wälzen. Überschüssiges Mehl abklopfen. Butter in der Pfanne aufschäumen, Froschschenkel darin braten. Mit gehackter Petersilie, Roggenbrot- und Salzzitronenwürfeln bestreuen.

Zusammenstellen

Zuerst die mit Haselnussblättchen bestreuten Brötchen anrichten. Auf die flache Seite zuerst ein Bärlauchblatt und darauf die Froschschenkel ohne Knochen legen. Mit Kresseblättchen garnieren, einige Salzkristalle darüberstreuen, mit dem Spritzbeutel Kräutermayonnaise auftupfen.

Dann die Brötchendeckel garnieren. In die Mulde einen Klecks Kräutermayonnaise geben. Darauf die Froschschenkel mit Knochen anrichten.

Dieser Burger dosiert seine Wirkung raffiniert: Man muss sich von der äußeren Schönheit langsam zu Kresse und zartem Froschfleisch im Inneren vortasten. Diese Delikatesse lassen wir uns im Munde zergehen.

Jacques DECORET

[MAISON DECORET]*

FÜR 8 PERSONEN

ZUBEREITUNG: 1 ½ STUNDEN
RUHEZEIT: 2 STUNDEN
GARZEIT: 1 ½ STUNDEN

FÜR DIE BRÖTCHEN (16 STÜCK)

- 20 g frische Hefe
- 2 TL Zucker
- 200 ml Milch
- 700 g Weizenmehl (Type 550)
- 2 TL Salz
- 1 Ei
- 40 g weiche Butter

FÜR DIE TINTENFISCHE

- 24 kleine Tintenfische
- 2 EL Olivenöl
- Piment d'Espelette
- Salz und frisch gemahlener Pfeffer

FÜR DIE BLUMENKOHLMOUSSE

- 200 g weißer Blumenkohl
- 500 ml Milch
- 40 g Crème fraîche
- 30 g Butter
- Salz und frisch gemahlener weißer Pfeffer

FÜR DIE WASABICREME

- 150 g Sahne
- 1 EL Zitronensaft
- 35 g Wasabi
- Salz und frisch gemahlener Pfeffer

WEITERE ZUTATEN

- 40 g weißer Blumenkohl
- 40 g grüner Blumenkohl
- 4 kleine Perlzwiebeln
- 2 EL Öl
- Fleur de Sel und frisch gemahlener weißer Pfeffer

ZUSAMMENSTELLEN

- 1 EL Sepiatinte

SEPIA-BURGER

Für die Brötchen Hefe und Zucker in warmer Milch auflösen. Mehl und Salz in einer Schüssel mischen, die lauwarme Milch, das Ei und die weiche Butter hinzugeben. Den Teig kneten, bis er homogen und elastisch ist, mit einem feuchten Tuch abdecken und 1 Stunde gehen lassen. Den Teig auf einer bemehlten Arbeitsfläche in 16 Portionen teilen. Zu glatten Kugeln rollen.

Die Kugeln auf ein mit Backpapier belegtes Backblech geben, die Unterseite platt drücken, abdecken und nochmal 1 Stunde gehen lassen. Im Siebeinsatz des Dampfkochtopfs 20 Minuten dämpfen. Brötchen bis zum Anrichten in einem geschlossenen Behälter aufbewahren.

Von den Tintenfischen zuerst die Tentakel abtrennen, säubern, unter fließendem Wasser abspülen und trocknen. Nun die Tintenfischkörper ausnehmen, unter fließendem Wasser innen und außen gründlich abspülen und halbieren. Mit Salz und Pfeffer würzen. Olivenöl in einer Pfanne stark erhitzen und alle Tintenfischstücke kurz darin anbraten. Mit Piment d'Espelette bestäuben, aus der Pfanne nehmen und abtropfen lassen.

Für die Blumenkohlmousse weiße Blumenkohlröschen zerkleinern und in mit Wasser verdünnter Milch weich kochen. Röschen herausnehmen, abtropfen lassen, zerdrücken und mit Crème fraîche und Butter im Mixer aufschlagen. Mit Salz und weißem Pfeffer abschmecken.

Für die Wasabicreme Sahne, Zitronensaft, Wasabi, Salz und Pfeffer vermengen und die Sahne steif schlagen. In einen Spritzbeutel (Tülle Nr. 5) füllen und in den Kühlschrank legen.

Weißen und grünen Blumenkohl mit einer groben Reibe separat reiben. Mit Fleur de Sel und frisch gemahlenem Pfeffer bestreuen.

Perlzwiebeln schälen, halbieren und in einem zugedeckten Gefäß in der Mikrowelle 1 Minute garen. Danach in einer Pfanne in heißem Öl von allen Seiten goldbraun anbraten.

Zusammenstellen

Zuerst die Brötchenböden toasten. Tintenfischstücke in die Mitte setzen, rundherum mit geraspeltem Blumenkohl garnieren. Kleine Tupfer Wasabicreme, Tentakelstückchen, Perlzwiebeln und Blumenkohlmousse dazwischensetzen. Zuletzt zurückhaltend mit Sepiatinte verzieren.

Ein Tintenfisch ist vorbeigekommen und hat hinter sich seine Tintenwolke versprüht, um seinen Verfolger abzuschütteln. Ein Koch hat sie genommen und damit weißes Fleisch und dunkle Tinte in Meeresmurmeln verwandelt – das ist Meereszauber!

Christophe DUFAU

[LES BACCHANALES]*

FÜR 4 PERSONEN

ZUBEREITUNG: 45 MINUTEN
RUHEZEIT: 2 ½ STUNDEN
GARZEIT: 50 MINUTEN

ST.-PIERRE-BURGER

mit Kürbis und Passionsfrucht

FÜR DIE BRÖTCHEN

- 20 g frische Hefe
- 20 g Zucker
- 1 kg Weizenmehl (Type 550)
- 2 EL Malzmehl (Backmalz)
- 2 EL Lauchasche (dafür Lauch auf glühender Kohle oder mit dem Gasbrenner langsam verkohlen lassen)
- 260 g Kartoffelflocken
- 20 g Salz
- 1 EL Olivenöl
- 1 Handvoll Kürbiskerne

FÜR DAS KÜRBISPÜREE

- 1 Kürbis
- etwas Olivenöl
- Zesten und Saft von 1 Orange
- Saft von ½ Zitrone
- etwas Kürbisöl
- Fleur de Sel

WEITERE ZUTATEN

- 30 g Puderzucker
- 60 ml Weißweinessig
- 80 g Meerfenchel
- 4 Passionsfrüchte
- 1 Msp. Madras-Curry
- 1 kleiner Bund Shiso
- 2 kleine Frühlingszwiebeln
- 4 St.-Pierre-Filets (à 80 g)
- frittierte Kürbisstreifen
- Salz

Für die Burgerbrötchen 800 ml lauwarmes Wasser mit Hefe und Zucker gut vermengen. Mehl, Malzmehl, Lauchasche, Kartoffelflocken und Salz in die Küchenmaschine geben, mit dem Knethaken langsam rühren und dabei nach und nach zuerst das Hefewasser und dann das Öl zugeben. 15 Minuten weiterrühren. Für die letzten 5 Minuten die Geschwindigkeit erhöhen. Den Teig 2 Stunden bei Raumtemperatur oder 6–8 Stunden im Kühlschrank gehen lassen.

Teig kurz durchkneten, in Portionen von 55–60 g teilen, zu Kugeln formen und dabei die Kürbiskerne einarbeiten. Teigkugeln 20–30 Minuten bei 25 °C gehen lassen. Ofen auf ca. 190 °C vorheizen, kochendes Wasser in die Fettauffangschale geben und die Brötchen 12 Minuten backen.

Den Kürbis grob zerteilen und in einer Auflaufform mit einem Schuss Olivenöl etwa 40 Minuten im Ofen garen oder aber dämpfen. Den Kürbis zerdrücken und mit Orangenzesten, Orangensaft, Zitronensaft, Kürbisöl und Fleur de Sel abschmecken.

Zucker mit Weißweinessig und 90 ml Wasser in einem Topf zum Kochen bringen. Meerfenchel putzen. Im kochenden Essigwasser einige Minuten blanchieren, dann eiskalt abschrecken.

Das Fruchtfleisch der Passionsfrüchte auslösen, Saft dabei auffangen. Die Hälfte der Kerne entfernen. Rest mit Madras-Curry gut vermengen und beiseitestellen. Shisoblätter abzupfen, Frühlingszwiebeln in feine Ringe schneiden. Fischfilets salzen, dann dämpfen.

Zusammenstellen

Brötchen halbieren und toasten. Die Brötchenböden mit Kürbispüree bestreichen, mit Meerfenchel bestreuen. Je ein Fischfilet darauflegen, mit etwas der Curry-Passionsfrucht-Mischung beträufeln und mit Shisoblättern garnieren. Zuletzt Frühlingszwiebelröllchen darüberstreuen und die Brötchendeckel aufsetzen. Mit frittierten Kürbisstreifen und Meerfenchel servieren.

Meerfenchel ist ein Freund der Gischt. Mit seinen weißen Dolden und lindgrünen Stängeln schmiegt er sich gern an Felsen. Der Koch verwendet ihn, um den St. Pierre zu verfeinern und die Wirkung der Kontrapunkte zu unterstreichen.

Christophe DUFAU

[LES BACCHANALES]*

FÜR 4 PERSONEN

ZUBEREITUNG: 30 MINUTEN
RUHEZEIT: 50 MINUTEN
GARZEIT: 2 MINUTEN

FÜR DIE AUBERGINENBUNS

- 4 amerikanische Auberginen
- 50 g Mehl
- 2 Eier
- 70 g Maismehl

FÜR DEN AUBERGINENKAVIAR

- 2 violette Auberginen
- 3 violette Feigen
- 1 kleiner Bund Minze
- etwas Olivenöl
- 1 Schuss Balsamico
- Salz

FÜR DIE ZWIEBELN

- 2 rote Zwiebeln
- 30 g Zucker
- 60 ml Weißweinessig

FÜR DEN KÄSE

- 80 g Ziegenfrischkäse
- 1 TL gehacktes Bohnenkraut
- etwas Olivenöl
- Salz und frisch gemahlener Pfeffer

FÜR DIE POLENTA-PATTYS

- 180 g Polenta
- Olivenöl

ZUSAMMENSTELLEN

- 60 g Rucola
- Olivenöl
- frittierte Mini-Auberginen-Scheiben
- Salz und frisch gemahlener Pfeffer

AUBERGINEN-BURGER

mit Feige und Polenta

Für die Auberginenbuns die amerikanischen Auberginen in acht dicke Scheiben schneiden, großzügig salzen und 20 Minuten ausweinen lassen. Abtupfen, überschüssiges Salz abwischen und die Scheiben nacheinander in Mehl, schaumig geschlagenen Eiern und Maismehl wenden; anschließend in heißem Olivenöl auf beiden Seiten knusprig braten. Auf saugfähigem Küchenpapier beiseitestellen.

Für den Auberginenkaviar den Backofen auf 200 °C vorheizen. Die violetten Auberginen 30–40 Minuten lang im Ofen rösten, herausnehmen und auskühlen lassen. Das Fruchtfleisch auslösen, in ein sauberes Küchentuch geben und einen Teil der Flüssigkeit ausdrücken. Die Feigen schälen und klein schneiden. Die Minze von den Stängeln zupfen und fein schneiden. Auberginenfleisch mit den Feigen mischen, mit Olivenöl, Minze, Balsamico und Salz abschmecken.

Rote Zwiebeln in Scheiben schneiden. Zucker mit Weißweinessig und 90 ml Wasser in einem Topf aufkochen, Zwiebelscheiben hineingeben, anschließend abkühlen lassen.

Käse mit einer Gabel zerdrücken, mit Salz, Pfeffer, Bohnenkraut und Olivenöl abschmecken.

Für die Polenta 900 ml Salzwasser erhitzen, die Polenta unter ständigem Rühren mit einem Schneebesen einrieseln lassen. Etwa 5 Minuten unter ständigem Rühren kochen. Anschließend etwa 1,5 cm hoch in eine geölte Edelstahlschale gießen und 30 Minuten abkühlen lassen.

Die erkaltete Polenta ist schnittfest. Mit einem Ausstecher vier Scheiben mit demselben Durchmesser wie die Auberginenscheiben ausstechen und in einer Pfanne in heißem Olivenöl knusprig (goldgelb) braten, herausnehmen und mit saugfähigem Küchenpapier abtupfen.

Zusammenstellen

Die Auberginenbuns vorsichtig in der Pfanne aufwärmen, dann vier Buns mithilfe eines Spatels mit Auberginenkaviar bestreichen. Darauf ein paar Rucolablättchen anordnen, mit Olivenöl beträufeln, eine Polentascheibe auflegen und eine weitere Schicht Auberginenkavier auftragen. Mit Zwiebelringen und Rucolablättchen garnieren. Mit einem zweiten Auberginenbun abschließen. Mit Mini-Auberginenchips und Auberginenkaviar servieren.

Eine Variation zum Thema Aubergine: Die amerikanische – rund und kernlos – und die violette, die sich mit Feige hervorragend in ein delikates Kompott verwandeln lässt.

CLUB
2000

Arnaud
FAYE
[LA TABLE DU CONNÉTABLE]**

FÜR 4 PERSONEN

ZUBEREITUNG: 35 MINUTEN
MARINIEREN: 12 STUNDEN
GARZEIT: 8 MINUTEN

FÜR DEN ROASTBEEF-PATTY

- 40 g Kapern
- 150 ml Haselnussöl
- 350 g gut gereiftes Roastbeef vom Hereford-Rind
- Zesten von 2 Limetten
- 1 Bund Schnittlauch
- geräuchertes Salz

FÜR DIE RADIESCHEN

- 1 Bund bunte Radieschen
- 100 ml Reisessig
- 1 TL Zucker
- 1 Prise Salz

FÜR DIE RINDERCREME

- 150 g durchgekühltes, gut gereiftes Roastbeef vom Hereford-Rind
- 3 EL Mineralwasser mit Kohlensäure
- 2 EL Olivenöl
- 1 TL weiße Trüffel-Creme
- Zucker, Salz und frisch gemahlener Pfeffer

ZUSAMMENSTELLEN

- 4 feine Scheiben Mehrkornbrot
- 4 Focaccia-Brötchen
- etwas Butter
- 40 g Kaviar
- 1 Frisée
- 50 g Portulak
- essbare Blüten (z. B. Borretsch)
- Salz und frisch gemahlener Pfeffer

BURGER MIT HEREFORD-RIND
und Kaviar

Für den Patty die Kapern in Haselnussöl einlegen. Am nächsten Tag das Rindfleisch fein würfeln, mit geräuchertem Salz würzen. Kapern abtropfen lassen, Schnittlauch klein schneiden und mit den Zesten zum gewürfelten Fleisch geben. Gut mischen.

Die Radieschen in feine Scheiben schneiden. Den Reisessig mit Zucker und Salz aufkochen. Abkühlen lassen und die Hälfte der Radieschen darin ziehen lassen. Die andere Hälfte bis zur Verwendung in eiskaltes Wasser einlegen.

Für die Rindercreme Roastbeef mit Wasser, Olivenöl und Trüffel-Creme im Mixer zerkleinern. Mit Salz, Pfeffer und Zucker abschmecken. Beiseitestellen.

Zusammenstellen

Ofen auf 140 °C vorheizen. Mehrkornbrot dünn mit Butter bestreichen und 8 Minuten zwischen zwei Blechen im Ofen toasten.

Die Focaccia-Brötchen toasten und mit Rindercreme bestreichen. Darauf Rinderwürfel und zweierlei Radieschenscheiben anrichten. Kaviar und Salat darauf verteilen, mit Blüten garnieren und mit einer Scheibe Mehrkorntoast abschließen.

Das Hereford-Rind mit rotem Fell und weißem Kopf ist an grüne Grasweiden gewöhnt. Hier trifft es auf schwarzen Kaviar in bunter Wiese. Nicht zu vergessen die in Haselnussöl marinierten Kapern mit dem feinen Geschmack nach mehr ...

Arnaud FAYE

[LA TABLE DU CONNÉTABLE]**

FÜR 4 PERSONEN

ZUBEREITUNG: 45 MINUTEN
GARZEIT: 2 STUNDEN 20 MINUTEN
ABTROPFZEIT: 1 STUNDE

FÜR DIE SCHNECKEN

- 250 g Brennnesseln
- 32 Schnecken
- 150 g Butter zzgl. etwas für die Pfifferlinge
- 1 kg Kartoffeln (Agria)
- 50 g Mehl
- 3 Eigelb
- 200 g Paniermehl
- Frittieröl

FÜR DEN PETERSILIENSPONGE

- 4 Bund glatte Petersilie
- 4 Eiweiß
- 1 Eigelb
- 100 g Weizenmehl (Type 405)
- 2 g Backpulver

FÜR DIE KNOBLAUCHCREME

- 100 g Knoblauch
- 250 g Sahne

FÜR DAS HASELNUSSPUDER

- 20 g Weizenmehl (Type 405)
- 50 g Malzmehl (Backmalz)
- 50 g gemahlene Haselnüsse
- 1 EL Butter
- 80 g Isomalt

ZUSAMMENSTELLEN

- 320 g Pfifferlinge
- 4 Hamburgerbrötchen
- 50 g Butter
- 1 Bund Pimpinelle
- 1 Bund Schafgarbe
- 1 Bund Sauerklee
- weiße Knoblauchblüten
- rosa Knoblauchblüten

SCHNECKEN-BURGER

Spaziergang durch Wald und Wiesen

Für die Schnecken Brennnesseln in kochendem Salzwasser 7 Minuten blanchieren, herausnehmen und kalt abschrecken. Die Hälfte pürieren, die andere Hälfte mit Kochsud zu einem Coulis mixen. Butter und das Brennnesselpüree mixen. Schnecken in der Brennnesselbutter anbraten.

Kartoffeln garen, pellen, zu Püree stampfen, mit dem Brennnesselcoulis vermischen. Schnecken in das Püree tauchen, in Mehl, verquirltem Eigelb und dem Paniermehl wenden und frittieren.

Für den Petersiliensponge Petersilie von den Stängeln zupfen, in kochendem Salzwasser 7 Minuten blanchieren, herausnehmen und kalt abschrecken. Die Hälfte pürieren, die andere Hälfte mit etwas Kochsud zu einem Coulis mixen.

Petersilienpüree, Eiweiß, Eigelb, Mehl und das Backpulver gut mixen. Die Mischung in einen iSi-Siphon mit zwei Sahnekapseln geben, in ein Gefäß mit 200 ml Fassungsvermögen spritzen und sofort in der Mikrowelle bei maximaler Leistung 30 Sekunden backen.

Knoblauchzehen ohne innere Keime sieben Mal blanchieren. Mixen und mindestens 1 Stunde lang unter Druck abtropfen lassen. Sahne erhitzen und mit dem Knoblauch mixen.

Für das Haselnusspuder den Ofen auf 90 °C erhitzen. Mehl, Malzmehl, Haselnüsse, einen Stich Butter und Isomalt mixen. 2 Stunden im Ofen (keine Umluft!) trocknen.

Zusammenstellen

Pfifferlinge in Butter anbraten. Brötchen halbieren und unter dem Ofengrill toasten. Schnecken und Petersiliensponge auf den Brötchenböden verteilen, Pfifferlinge dazwischensetzen. Petersiliencoulis mit einer Pipette aufträufeln, zum Schluss die Burger mit Haselnusspuder bestäuben und mit frischen Kräutern und Blüten garnieren.

Von den Schnecken zu den Pfifferlingen, von der Schafgarbe zur Pimpinelle – man schlendert durch die Natur und entdeckt dabei eine ganze Welt von Aromen. Dieses betörende Malzaroma und diese Brennnesselbutter ...

Adeline
GRATTARD

[YAM'TCHA]*

FÜR 4 PERSONEN

ZUBEREITUNG: 20 MINUTEN
MARINIEREN: 2 STUNDEN
EINWEICHEN: 30 MINUTEN
GARZEIT: 5 MINUTEN

FÜR DIE PATTYS

- 10 g frischer Ingwer
- 1 Knoblauchzehe
- 1 TL Sesamöl
- 1 TL klare Sojasauce
- 2 g Zucker
- 500 g Hackfleisch (Schweinenacken vom baskischen Schwein)
- 20 g getrocknete Shiitake
- 150 ml Sojasauce
- Salz

FÜR DIE STILTON-CREME

- 100 g Stilton (Raumtemperatur)
- 50 g Crème fraîche
- frisch gemahlener schwarzer Pfeffer

FÜR DEN SAUERAMPFER

- 100 ml geräuchertes Olivenöl
- 100 ml weißer Balsamico
- 50 ml klare Sojasauce
- 12 Sauerampferblätter

ZUSAMMENSTELLEN

- 4 Hamburgerbrötchen
- 20 g gehackte Piemonthaselnüsse

HAMBURGER

vom baskischen Schwein mit Stilton-Creme

Für die Pattys eine Marinade mischen. Ingwer und Knoblauch hacken, mit Sesamöl, klare Sojasauce, Salz und Zucker mischen und das Hackfleisch darin marinieren. In der Zwischenzeit getrocknete Shiitake mit kochendem Wasser übergießen, etwas Sojasauce hinzugeben und 30 Minuten wässern.

Die Shiitake abgießen, fein würfeln. Fleisch aus der Marinade nehmen, mit den Pilzwürfeln mischen. Vier 1 ½ cm dicke Steaks mit demselben Durchmesser wie die Sesambrötchen formen.

Für die Stilton-Creme den Stilton mit einer Gabel zerdrücken, Creme fraîche und frisch gemahlenen Pfeffer hinzugeben.

Für die Sauerampfer Olivenöl, Balsamico und Sojasauce verrühren. Den Sauerampfer waschen, die Stängel entfernen und die Blätter mit der Vinaigrette marinieren.

Zusammenstellen

Ofen auf 160 °C vorheizen. Die Sesambrötchen halbieren und im Ofen erwärmen. Die Hacksteaks in einer Pfanne braten, bis sie auf beiden Seiten eine schöne Farbe angenommen haben.

Die Hälfte der Stilton-Creme auf die Brötchenböden streichen, die Sauerampferblätter so darauflegen, dass sie überstehen. Hacksteaks und restliche Stilton-Creme auf die Blätter legen, mit gehackten Nüssen bestreuen, zum Schluss Brötchendeckel auflegen.

★ Je nach Saison machen sich auch ein paar Trüffelscheiben auf dem Fleisch sehr gut.

Die Elemente dieses Burgers kommen aus ganz verschiedenen Weltgegenden: Fleisch aus dem Baskenland, Stilton aus dem grünen England und Shiitake aus dem Land der aufgehenden Sonne. Doch sie harmonieren ganz wunderbar im Geschmack – und zergehen auf der Zunge.

Adeline GRATTARD

[YAM'TCHA]*

FÜR 4 PERSONEN

ZUBEREITUNG: 15 MINUTEN
GARZEIT: 3 MINUTEN

FÜR DIE FRISCHKÄSECREME

- 100 g rote Johannisbeeren
- 100 g Doppelrahmfrischkäse
- 20 g geriebener Ingwer
- 50 ml Sherryessig
- Salz und frisch gemahlener Pfeffer

FÜR DIE GARTENMELDE

- 80 g Gartenmeldeblätter (oder Spinatblätter)
- 50 ml Sonnenblumenöl
- 1 Msp. fein gehackter Knoblauch
- 2 Prisen gemahlener Kreuzkümmel
- 50 ml Sojasauce

ZUSAMMENSTELLEN

- 4 runde Burgerbrötchen mit Sesam
- 500 g Adour-Wildlachsfilet (ohne Haut)
- 100 ml natives Olivenöl extra
- Fleur de Sel

HAMBURGER mit Adour-Wildlachs, Frischkäse, Johannisbeeren und Ingwer

Für die Frischkäsecreme Johannisbeeren von den Stielen abstreifen. Frischkäse, Ingwer und Sherryessig in einer Schüssel mischen. Johannisbeeren, Salz und Pfeffer dazugeben.

Gartenmeldeblätter in der Pfanne mit Sonnenblumenöl, Knoblauch, Kreuzkümmel und Sojasauce kräftig anbraten.

Zusammenstellen

Lachs in vier Portionen teilen. Jede Portion in der Pfanne in heißem Olivenöl nur von einer Seite anbraten. Mit Fleur de Sel würzen.

Ofen auf 160 °C vorheizen. Sesambrötchen halbieren und im Ofen erwärmen.

Die Brötchenböden mit der Frischkäsecreme bestreichen, darauf den Lachs und die Gartenmeldeblätter legen. Mit den Brötchendeckeln abschließen. Sofort servieren.

Der Adour ist einer der letzten Flüsse in Europa, in denen noch Lachse laichen. Nur rund 50 Fischer betreiben dort noch die Lachsfischerei mit Treibnetzen. Ein Grund mehr, diesen göttlichen Fisch königlich zu behandeln. Weiße Creme, pupurfarbene, frisch gepflückte Johannisbeeren …

Éric GUÉRIN

[LA MARE AUX OISEAUX]*

FÜR 4 PERSONEN

ZUBEREITUNG: 2 STUNDEN
RUHEZEIT: 12 STUNDEN + 1 STUNDE
EINWEICHEN: 1 STUNDE
GARZEIT: 2 STUNDEN

FÜR DIE MAISBRÖTCHEN

- 7,5 g frische Hefe
- 150 ml kaltes Wasser
- 250 g Maismehl
- 7,5 g grobes Guérande-Salz
- 1 Handvoll Sonnenblumensamen
- 100 g Instant-Polenta

FÜR DIE BOHNEN

- 200 g Azuki- oder rote Bohnen
- ½ Schalotte
- 8 rosa Pfefferbeeren
- ¼ Porreestange
- 1 Karotte
- 50 g Paniermehl
- 1 Ei
- 25 g Sojasauce

FÜR DIE KRÄUTERMAYONNAISE

- 2 hart gekochte Eigelb
- 100 g Magerquark
- 25 g Senf
- 1 Bund Kräuter nach Wahl
- Salz und frisch gemahlener Pfeffer

ZUSAMMENSTELLEN

- 40 g Wasabi-Erbsen
- dünne Radieschenscheiben

WIE EIN HAMBURGER

Vegetarisch

Maisbrötchenteig am Vortag zubereiten. Die Hefe im kalten Wasser unter Rühren auflösen. Mehl, Salz und Sonnenblumenkerne vermengen, das Hefe-Wasser dazugeben und in einer Küchenmaschine mit dem Knethaken kneten, bis sich der Teig von der Wand löst. Den Teig zu einer Kugel formen, über Nacht im Kühlschrank ruhen lassen.

Am nächsten Tag vier kleine Kugeln formen und an einem warmen Ort gehen lassen, bis das Volumen sich verdoppelt hat. Ofen auf 220 °C vorheizen. Die Instant-Polenta mit 200 ml Wasser vermengen und mit einem Pinsel auf jede Kugel aufstreichen. Kugeln auf einem Blech in den Ofen schieben, ein Gefäß mit kochendem Wasser unten in den Ofen stellen. Ungefähr 15 Minuten backen.

Die Bohnen in 750 ml Wasser 1 Stunde einweichen. Schalotte, rosa Pfefferbeeren, Porree und Karotte in den Thermomix geben und 5 Minuten auf Sanftrührstufe laufen lassen. Die Bohnen zusammen mit dem Einweichwasser zugeben. Thermomix auf 100 °C stellen, Laufrichtung umkehren und 75 Minuten auf Sanftrührstufe laufen lassen. Dann Paniermehl, Ei und Sojasauce hinzugeben und 3 Minuten auf Stufe 5 mixen. Abschmecken. Vier Ausstecher mit dem Teig füllen, um die „Steaks" zu formen. Anschließend in der Pfanne 6–8 Minuten braten.

Für die Kräutermayonnaise hart gekochtes Eigelbe, Quark, Senf und Kräuter verrühren und abschmecken. Kühl stellen.

Zusammenstellen

Brötchen zweimal waagrecht aufschneiden. Die zwei Böden und den Deckel mit Kräutermayonnaise bestreichen. Untersten Brötchenboden mit Wasabi-Erbsen belegen und darauf ein vegetarisches Steak betten. Einige Radieschenscheiben darauf anrichten. Zweiten Brötchenboden auflegen und ebenfalls mit Wasabi-Erbsen belegen. Zum Schluss den Brötchendeckel auflegen. Heiß servieren!

★ Sie können auch klein geschnittenen Chinakohl und – je nach Jahreszeit – reife Tomaten- oder Gurkenscheiben hinzufügen.

★ Tipps des Küchenchefs: Rote Bohnen werden schneller gar und zarter, wenn Sie 1 Prise Natron zugeben. Die Bohnensteaks lassen sich gut roh einfrieren.

Dieser Mais im Brot ist eine wahre Gaumenfreude. Das gewisse kleine Extra: das zarte Kastanienaroma der roten Bohne.

Éric GUÉRIN

[LA MARE AUX OISEAUX]*

FÜR 4 PERSONEN

ZUBEREITUNG: 1 ½ STUNDEN
RUHEZEIT: 12 STUNDEN + 1 ½ STUNDEN
GARZEIT: 15 MINUTEN

FÜR DAS MAROKKANISCHE BROT

- 10 g frische Hefe
- 120 ml kaltes Wasser
- 250 g Weizenmehl (Type 550)
- 50 g Hartweizengrieß
- 8 g grobes Guérande-Salz
- 1 Prise Kurkuma
- 1 Prise Oregano
- Olivenöl zum Anbraten

FÜR DEN COUSCOUS

- 1 Knoblauchzehe
- 1 EL Olivenöl
- 1 Tomate
- 50 g rote Paprika
- 50 g Zucchini
- 50 g Aubergine
- 1 Zwiebel
- 500 ml Geflügelbrühe
- 1 Prise Kreuzkümmel
- 1 Prise Zimt
- 1 Msp. Harissa
- 60 g Couscous
- 50 g Butter
- 3 Korianderstängel
- 50 ml Olivenöl
- 1 Zitrone
- 50 ml Reisessig
- Salz und schwarzer Pfeffer

FÜR DIE MERGUEZ-STEAKS

- 1 Bund Koriander
- 2 Zwiebeln
- 500 g Merguez-Brät
- etwas Olivenöl

ZUSAMMENSTELLEN

- Korianderblättchen
- Harissa
- Minzeblätter
- 1 konfierte Zitrone

Weit gereister HAMBURGER

Couscous-Burger mit Merguez

Brotteig am Vortag zubereiten. Hefe im kalten Wasser lösen. Alle Zutaten in einer Küchenmaschine kneten, bis sich der Teig von der Schüsselwand löst. Im Kühlschrank über Nacht gehen lassen.

Teig aus dem Kühlschrank nehmen und an einem warmen Ort gehen lassen, bis das Volumen sich verdoppelt hat. Kleine Kugeln von ca. 60 g formen, nochmals gehen lassen. Kugeln zu kleinen Fladen ausrollen. In einer Pfanne etwas Olivenöl erhitzen und die Fladen backen, bis sie aufgehen und Farbe annehmen.

Für den Couscous die Knoblauchzehe in etwas Olivenöl anschwitzen. Tomate, Paprika, Zucchini, Aubergine und Zwiebel in mundgerechte Stücke schneiden, hinzugeben. Mit Geflügelbrühe ablöschen, aufkochen. Gewürze, Couscous und Butter hinzugeben. Koriander von den Stängeln zupfen, dazugeben, den Grieß 15 Minuten aufgehen lassen. Mixen. Mit Olivenöl, Zitronensaft und Essig zu einer Emulsion aufschlagen. Mit Salz und Pfeffer abschmecken. Nach Bedarf gegarten Couscous unterziehen, um eine sämigere Konsistenz zu erzielen. Bei der Tellerprobe darf die Emulsion nicht verlaufen.

Für die Merguez-Steaks Koriander von den Stängeln zupfen und fein schneiden. Zwiebeln ebenfalls fein schneiden und mit dem Koriander unter das Merguez-Brät mischen. Die Farce mit Öl binden und daraus die Steaks formen. Steaks in einer Pfanne bei mittlerer Temperatur anbraten, sodass sie Farbe annehmen, dabei aber weich und schmelzend bleiben.

Zusammenstellen

Auf zwei Fladen je etwas Couscous-Emulsion und ein Merguez-Steak sowie Korianderblättchen geben, die beiden Fladen übereinander schichten und einen dritten Fladen oben aufsetzen. Nach Belieben Harissa für mehr Schärfe, Minzblättchen für Frische oder konfierte Zitrone für mehr Sonne hinzufügen.

★ **Die Teigfladen lassen sich, in Folie verpackt, gut einfrieren.**

In Marokko scheint die Sonne beinahe im Mund zu schmelzen, zurück bleibt ein Schimmer aus Gold. Diesen Couscous „aus der Hand" unter Sternen genießen, saftige Merguez mit Korianderaroma, das lange auf den Lippen nachschmeckt.

Marc HAEBERLIN

[L'AUBERGE DE L'ILL]***

FÜR 4 PERSONEN

ZUBEREITUNG: 25 MINUTEN
GARZEIT: 8 MINUTEN

FÜR DIE PATTYS

- 400 g Kalbsnuss
- 200 g Pickelfleisch (in Salzlake gepökelte gekochte Rinderbrust, jüdisch-elsässische Spezialität)
- 200 g Pastrami
- 1 Prise Piment d'Espelette
- 1 Estragonstängel
- 1 Bund Schnittlauch
- 1 Ei

FÜR DIE SAUCE

- 1 rote Zwiebel
- 4 Gewürzgurken
- 4 EL Crème fraîche
- 2 EL Mayonnaise
- 1 EL Meerrettich (aus dem Glas)

ZUSAMMENSTELLEN

- 1 Kopfsalat
- Salz
- 8 ovale Matzen

MATZEN-BURGER
mit Pickelfleisch und Pastrami

Die Kalbsnuss, 60 g Pickelfleisch und 60 g Pastrami mit dem Messer fein hacken. Die Kalbsnuss mit Piment d'Espelette würzen (nicht salzen), mit gehacktem Pickelfleisch und Pastrami mischen, Estragonblätter wiegen, Schnittlauch in feine Röllchen schneiden, mit dem Ei zur Fleischmasse geben. Vier ovale Pattys von der Größe der Matzen formen.

Restliches Pickelfleisch und Pastrami in feine Streifen schneiden und beiseitestellen.

Für die Sauce Zwiebel und Gewürzgurken fein würfeln, mit Crème fraîche, Mayonnaise und Meerrettich verrühren.

Zusammenstellen

Salat putzen und in feine Streifen schneiden. Kalbspattys braten. Auf eine Matzenscheibe 1 TL Sauce, Salatstreifen sowie einige Pastrami- und Pickelfleischstreifen geben. Den heißen Burger darauflegen, mit 1 TL Sauce benetzen, darauf wieder Salat- und Pökelfleischstreifen schichten. Zum Schluss die zweite Scheibe Matzen auflegen. Sofort servieren.

Dazu schmecken Pommes frites.

★ **Um das Gericht koscher zu machen, statt Crème fraîche etwas mehr Mayonnaise nehmen.**

Der rustikale Geschmack des Pökel- und Rauchfleischs – diese kleine jiddische Melodie. Sich an das Wesentliche halten. Und dazu als Seelengabe, vom Herzen in die Hände: das Matzenbrot.

Marc
HAEBERLIN

[L'AUBERGE DE L'ILL]***

FÜR 4 PERSONEN

ZUBEREITUNG: 35 MINUTEN
GARZEIT: 20 MINUTEN

FÜR DIE BLINIS

- 50 g Butter
- 200 g Weizenmehl (Type 405)
- 2 EL Buchweizenmehl
- 10 g Backpulver
- 2 Eier
- 200 ml Milch

FÜR DIE PATTYS

- 400 g Kabeljaufilet (ohne Haut)
- 1 Prise Piment d'Espelette
- 4 Dillstängel
- 100 ml Olivenöl
- Salz

WEITERE ZUTATEN

- ½ Wirsing
- 10 g Butter
- 1 Zwiebel
- 100 ml Milch
- 1 EL Mehl
- 200 ml Olivenöl

ZUSAMMENSTELLEN

- 4 EL Crème fraîche
- 50 g Kaviar (oder Heringsrogen)
- Dillstängel

BLINI-BURGER
mit Kabeljau, Kohl und Kaviar

Für die Blinis Butter bei niedriger Temperatur zerlassen, bräunen, bis sie eine goldbraune Farbe annimmt. Dann die Zutaten für die Blinis mischen. In einer Pfanne etwas Öl erhitzen, einen Servierring (Ø 10 cm) in die Mitte der Pfanne legen und etwas Teig hineingeben. Ein wenig braune Butter mit einem Teelöffel hinzugeben. Die Blinis 3 Minuten Farbe annehmen lassen, dann auf einen Teller stürzen und abkühlen lassen; anschließend die andere Seite ebenfalls 3 Minuten backen. Acht Blinis backen und warm stellen.

Kabeljau mit dem Messer fein hacken, leicht salzen, mit Piment d'Espelette würzen, Dill fein hacken und hinzufügen. Alles gut mischen. Masse in vier Portionen teilen und kleine, etwa 2 cm dicke Burger formen. In einer Pfanne in heißem Öl auf beiden Seiten backen.

Vom Wirsing den Strunk herausschneiden, die Blätter klein schneiden. In einer zugedeckten Pfanne 10 Minuten in Butter anschwitzen.

Zwiebel in dicke Scheiben schneiden und in Ringe zerteilen. In kalte Milch einlegen, dann in Mehl wenden und in sehr heißem Öl in der Pfanne frittieren.

Zusammenstellen

Vier Blinis mit einer Schicht Crème fraîche bestreichen und je ein Kabeljausteak auflegen. Auf den Fisch eine Lage Wirsing, eine weitere Schicht Crème fraîche, noch einmal Wirsing und schließlich die frittierten Zwiebelringe legen. Zum Schluss die restlichen vier Blinis als Deckel aufsetzen, mit Kaviar, Dill und noch etwas Crème fraîche dekorieren. Heiß servieren!

★ **Zu diesem Burger passen Bratkartoffeln aus rohen Kartoffeln (festkochende Sorte).**

Blinis, rund und gelb wie die Sonne, die im Osten aufgeht. Schließen Sie die Augen und genießen Sie die zarte Creme ... und den Kaviar mit seiner leisen slawischen Weise ...

Jean-Georges KLEIN

[L'ARNSBOURG]***

FÜR 10 PERSONEN

ZUBEREITUNG: 30 MINUTEN
MARINIEREN: 6 STUNDEN
GARZEIT: 1 STUNDE + 18 STUNDEN

MEERESFRÜCHTE-BURGER

FÜR DIE MERINGEN (BURGERDECKEL)

- 30 g Zucker
- 30 g Sepiatinte
- 6 Eiweiß
- 33 g Albuminpulver (Stabilisator)
- 5 g Xanthan (Verdickungsmittel)

FÜR DAS EINGELEGTE GEMÜSE

- 150 g Daikon-Rettich (japanischer Rettich)
- 5 kleine weiße Zwiebeln
- 200 ml Chardonnay-Essig

FÜR DAS TOASTBROT (BURGERBODEN)

- 25 g frische Hefe
- 18 g Salz
- 400 ml lauwarme Milch
- 50 g Sepiatinte
- 600 g Weizenmehl (Type 405)

FÜR DEN MEERESFRÜCHTESALAT

- 2 kg Miesmuscheln
- 2 kg Herzmuscheln
- 400 ml Weißwein
- 10 g Knoblauch
- 50 g Schalotte
- 300 g kleine Kalmare
- etwas Mayonnaise

ZUSAMMENSTELLEN

- Vadouvan-Mayonnaise
- Salz-Kräuter (Queller, Borretsch, Salty Fingers, Oyster Leaves)
- 1 Limette

Die Meringen 2 Tage vorher zubereiten. 175 ml Wasser, Zucker und Sepiatinte auf 40 °C erhitzen. Eiweiß, Albuminpulver und Xanthan mischen. Mit dem Rührgerät 3 Minuten mit dem warmen Wasser aufschlagen. Den Ofen auf 60 °C vorheizen. Mit einem Spritzbeutel (Tülle Nr. 16) zehn spitz zulaufende Meringen (Ø 8 cm) auf ein Blech spritzen und Meringe im Ofen 18 Stunden trocknen. Die Meringen in einem geschlossenen Behälter aufbewahren.

Gemüse waschen, schälen und schneiden, dann 6 Stunden im Chardonnay-Essig marinieren.

Für das Toastbrot Hefe und Salz in warmer Milch auflösen; zuerst Sepiatinte und dann Mehl hinzugeben. Den Teig ein erstes Mal gehen lassen, durchkneten. In eine Kastenform legen und erneut gehen lassen. Den Ofen auf 220–240 °C vorheizen. Ca. 1 Stunde im vorgeheizten Ofen backen. In den Kühlschrank stellen.

Für den Meeresfrüchte-Salat die Muscheln unter fließendem Wasser gründlich säubern. Miesmuscheln und Herzmuscheln getrennt in einem reduzierten Jus aus Weißwein, Knoblauch und Schalotte kochen. Muscheln aus der Schale lösen, kalt stellen. Die Kalmare fein schneiden und 10 Minuten in einem Schnellkochtopf in wenig Muschelkochsud kochen. Die Meeresfrüchte mit dem marinierten Gemüse mischen, mit Mayonnaise würzen.

Zusammenstellen

Zunächst zehn 2 cm dicke Scheiben vom Toastbrot abschneiden. Aus den Scheiben mit einem Ausstecher (Ø 8 cm) runde Scheiben ausstechen. Scheiben toasten und mit dem Meeresfrüchte-Salat belegen. Auf jeden Burger sieben Punkte Vadouvan-Mayonnaise setzen. Vorsichtig mit Salzkräutern bestreuen, etwas Limettenschale darüberreiben, zum Schluss den Meringe-Hut aufsetzen.

Ein Hut wie der Deckel zu einer Schatulle voller Geheimnisse … ganz wunderbarer Geheimnisse: Küstenkräuter aus den Salzwiesen, exquisit gewürztes Muschel- und Tintenfischfleisch …

Jean-Georges KLEIN

[L'ARNSBOURG]***

FÜR 10 PERSONEN

ZUBEREITUNG: 30 MINUTEN
MARINIEREN: 12 STUNDEN
GARZEIT: 2 ¾ STUNDEN + 18 STUNDEN

FÜR DIE SESAM-MERINGEN

- 50 g Zucker
- 6 Eiweiß
- 33 g Albuminpulver (als Stabilisator)
- 5 g Xanthan (Verdickungsmittel)
- weiße und schwarze Sesamsamen

FÜR DEN SALAT

- 5 weiße Zwiebeln
- 100 ml Honigessig
- 1 Gurke
- je 2 Stängel glatte Petersilie, Koriander, Minze und Basilikum
- 50 Viertel konfierte Tomaten
- 200 ml Olivenöl
- 50 ml Honigessig

WEITERE ZUTATEN

- 100 g Salzzitronen
- 1 Lammkeule (1 ½ kg)
- Salz

ZUSAMMENSTELLEN

- 1 Toastbrot mit Sesam
- 150 g Tahin (Sesampaste)
- 1 TL Zitronensaft
- Salz und frisch gemahlener Pfeffer

BURGER nach libanesischer Art

Die Meringen 2 Tage vorher zubereiten. 175 ml Wasser und Zucker auf 40 °C erhitzen. Eiweiß, Albuminpulver und Xanthan mischen. Mit dem Rührgerät 3 Minuten mit dem warmen Wasser aufschlagen. Den Ofen auf 60 °C vorheizen. Mit einem Spritzbeutel (Tülle Nr. 16) zehn spitz zulaufende Meringen (Ø 8 cm) auf ein Blech spritzen und Meringe im Ofen 18 Stunden trocknen. Mit Sesam bestreuen. Die Meringen in einem geschlossenen Behälter aufbewahren.

Für den Salat Zwiebeln 1 Tag vorher zubereiten. Zwiebeln schälen und in Scheiben schneiden. Den Essig aufkochen, über die Zwiebelscheiben gießen. Zwiebeln mindestens 12 Stunden marinieren. Die marinierten Zwiebeln abtropfen lassen und fein würfeln. Gurke waschen und in dünne Scheiben schneiden. Gurkenscheiben 10 Minuten in Eiswasser legen. Kräuter unter fließendem Wasser waschen, Blätter von den Stielen zupfen und trocknen. Mit den Zwiebeln, Gurkenscheiben und konfierten Tomaten mischen und mit einer Vinaigrette aus Olivenöl und Honigessig würzen.

Für das Salzzitronengel Zitronen 12 Stunden in kaltes Wasser legen, anschließend mixen und durch ein Sieb streichen. Im Kühlschrank aufbewahren.

Für die Lammkeule den Ofen auf 170 °C vorheizen, die Keule würzen und 35–45 Minuten im Ofen garen. Erst im letzten Moment die Knochen auslösen und das Fleisch zerkleinern, damit es saftig bleibt.

Zusammenstellen

Zunächst vom Toastbrot zehn 2 cm dicke Scheiben abschneiden, Aus den Scheiben mit einem Ausstecher (Ø 8 cm) runde Scheiben ausstechen und toasten. Tahin mit Zitronensaft mischen und fünf Punkte auf jede Brotscheibe setzen. Zuerst mit heißer klein geschnittener Lammkeule, dann mit Salat belegen. Drei Punkte Zitronengel dazwischensetzen. Zum Schluss die Sesam-Meringe aufsetzen.

Typisch für die orientalische Welt des Libanon ist der frische Geschmack der Zitrone zum kräftigen Aroma des Lamms.

Philippe LABBÉ

[L'ABEILLE]**

FÜR 4 PERSONEN

ZUBEREITUNG: 1 ½ STUNDEN
GARZEIT: 2 STUNDEN 50 MINUTEN

FÜR DIE SALZZITRONEN

- 1150 g Zucker
- 225 g Salz
- 12 Menton-Zitronen

FÜR DIE PIQUILLOS

- 6 Piquillos (kleine rote Paprika aus Spanien)
- 6 Knoblauchzehen
- 1 EL Olivenöl
- 1 Bund Thymian

WEITERE ZUTATEN

- 12 Frühlingszwiebeln
- 11 konfierte Tomatenfilets
- 12 Cébettes (alternativ nur die Knollen von dicken Frühlingszwiebeln)
- 2 Menton-Zitronen
- 1 Zuckerwürfel
- 2 g Koriandersamen
- 2 g schwarze Pfefferkörner
- 4 g Piment d'Espelette
- 1 g Safranfäden
- 4 Geflügelsteaks
- 50 g Butter
- 5 Tropfen frischer Knoblauchsaft (aus ungeschält zerdrücktem Knoblauch)
- 100 ml Geflügeljus

ZUSAMMENSTELLEN

- 24 schwarze entkernte Oliven
- 4 Burgerbrötchen

GEFLÜGEL-HAMBURGER

Salzzitronen zwei Monate im Voraus zubereiten. (Alternativ fertig eingelegte Zitronen im Feinkostgeschäft kaufen.) Zitronen waschen. 2 l Wasser mit 1 kg Zucker aufkochen, den Herd ausstellen und abkühlen lassen. Salz mit 150 g Zucker mischen. Die Zitronen längs viermal tief einschneiden, ohne sie ganz durchzuschneiden. Die einzelnen Viertel vorsichtig auseinanderziehen und eine große Prise der Salz-Zucker-Mischung in jeden Spalt geben, danach die Zitrone wieder schließen.

Zitronen nebeneinander aufrecht in ein Einmachglas stellen. Die restliche Salz-Zucker-Mischung auf die Zitronen geben, dann alles mit dem Sirup bedecken. Das Einmachglas dicht schließen und 2 Monate an einem kühlen dunklen Ort aufbewahren. Der Sud kann zum Würzen von Salaten verwendet werden. Die Schalen eignen sich zum Würzen von Schmorgerichten.

Eine der Zitronen mitsamt weißer Haut schälen, das Fruchtfleisch in feine Spalten schneiden. Auf ein mit Backpapier ausgelegtes Backblech legen. Den Ofen auf 130 °C vorheizen. Die zweite Zitrone auspressen und den Saft mit dem Zucker zum Kochen bringen. Zitronenspalten mit diesem Sirup einpinseln und 2 Stunden lang im Ofen konfieren. Beiseitestellen.

Piquillos entkernen. Knoblauch zerdrücken. Paprika, Knoblauch und einen Thymianstängel in Olivenöl anbraten, bis sie eine leichte Färbung annehmen.

Den Ofen auf 150 °C vorheizen. Die Frühlingszwiebeln in einer Pfanne karamellisieren; darauf achten, dass sie eine zart schmelzende Konsistenz behalten. Die konfierten Tomatenfilets abgießen. Die äußeren Blätter der Cébettes entfernen, in einer ofenfesten Pfanne anbraten. Zudecken und im Ofen 10 Minuten weich garen.

Koriandersamen, Pfefferkörner und Piment d'Espelette sehr fein zerstoßen. Die Mischung durch ein feines Sieb streichen. Zu dem Pulver den zerstoßenen Safran geben. Die Geflügelsteaks in einer Pfanne mit schäumender Butter, Knoblauchsaft und den restlichen Thymianstängeln braten. Geflügeljus mit den Gewürzen, dem gelösten Bratensatz und den konfierten Zitronen würzen und in einem Pfännchen separat reichen.

Zusammenstellen

Die heißen Geflügelsteaks auf die Brötchenböden legen; mit Salzzitronenschalen, Piquillos, karamellisierten Frühlingszwiebeln, konfierten Tomatenfilets, Cébettes, Zitronenspalten und klein geschnittenen Oliven garnieren. Zum Schluss die Brötchendeckel aufsetzen.

So mancher Burger erinnert kaum noch an seine amerikanischen Vorfahren. Konfierte Zitrone entfaltet den feinen Geflügelgeschmack, konfierte Zitronenzesten sind das raffinierte Tüpfelchen auf dem i.

Philippe LABBÉ

HAMBURGER MIT ENTENBRUST [Fortsetzung]

FÜR DIE ENTENSAUCE

- 1 EL Olivenöl
- 4 g frischer Ingwer
- 2 g getrocknete Shiitake
- 4 g Knoblauch
- 1 Sternanis
- 1 TL Sojasauce
- 1 TL Sesamöl

FÜR DIE KARAMELLISIERTEN ZWIEBELN

- 600 g Frühlingszwiebeln
- 100 g mild gesalzene Butter
- 100 g Butter
- 50 g Zucker

WEITERE ZUTATEN

- 250 g frische Shiitake (Ø 1 cm)
- 30 g Schalotten
- 2 EL Butter
- 50 ml Geflügelfond (s.o.)
- 50 g Ingwer
- 150 ml Traubenkernöl
- Salz

ZUSAMMENSTELLEN

- 50 g Frühlingszwiebeln
- 5 g frischer Koriander
- 4 Burgerbrötchen
- 1 EL Pimentöl

Für die Entensauce in einem kleinen Topf Olivenöl nicht zu stark erhitzen. Ingwer, Shiitake und Knoblauch fein hacken, mit dem Sternanis in den Topf geben und anschwitzen. Mit Sojasauce und 1500 ml Entenfond ablöschen. Reduzieren, dann einen Spritzer Sesamöl zugeben. Durch ein feines Spitzsieb gießen und beiseitestellen.

Zur Herstellung der karamellisierten Zwiebeln die Frühlingszwiebeln blanchieren, abtropfen lassen und in kaltem Wasser abschrecken. Schälen, Wurzelansatz nicht zu weit abschneiden, damit die Zwiebel nicht auseinander fällt. Salzen und die ganzen Zwiebeln in mild gesalzener Butter 1 Stunde bei 70 °C konfieren. Abtropfen lassen, dann der Länge nach halbieren. Aus Zucker und wenig Wasser einen Karamell herstellen und die Zwiebelhälften damit überziehen.

Von den Shiitake die Stiele abschneiden, Pilze gründlich säubern (nicht waschen). Schalotten in Butter anschwitzen, Shiitake zugeben und mitschwitzen, bis sie etwas Farbe annehmen. Geflügelfond angießen, bis das Gemüse knapp bedeckt ist, 3 Minuten lang köcheln lassen.

Ingwer schälen und in kleine Würfel mit 3 mm Seitenlänge schneiden. In kochendes Wasser geben, dann in Eiswasser abschrecken. Vorgang wiederholen. Zum Schluss mit Traubenkernöl übergießen und beiseitestellen.

Zusammenstellen

Frühlingszwiebeln gut abspülen, die grünen Abschnitte schräg in kleine Zylinder schneiden. Koriander von den Stängeln zupfen und kühl stellen.

Burgerbrötchen toasten. Die Entenhacksteaks in der Pfanne braten und auf die Brötchenböden legen. Karamellisierte Zwiebeln und Shiitake und 1–2 EL Taschenkrebsfleisch sowie Ingwerwürfel auf den Steaks verteilen, mit Entensauce beträufeln. Zwiebelröllchen und Korianderblättchen darüberstreuen. Mit einem Spritzer Pimentöl würzen.

Shangri-La hotel
PARIS
Philippe Labbé
Chef Exécutif

la herencia de

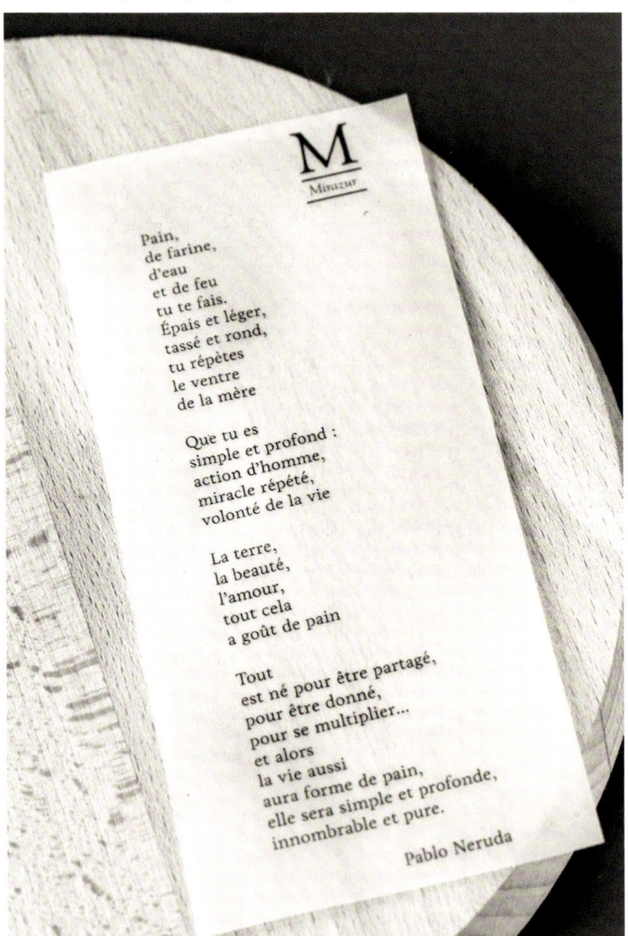
M
Mirazur
Pain,
de farine,
d'eau
et de feu
tu te fais.
Épais et léger,
tassé et rond,
tu répètes
le ventre
de la mère
Que tu es
simple et profond :
action d'homme,
miracle répété,
volonté de la vie
La terre,
la beauté,
l'amour,
tout cela
a goût de pain
Tout
est né pour être partagé,
pour être donné,
pour se multiplier...
et alors
la vie aussi
aura forme de pain,
elle sera simple et profonde,
innombrable et pure.
Pablo Neruda

William LEDEUIL

[ZE KITCHEN GALERIE]*

FÜR 4 PERSONEN

ZUBEREITUNG: 45 MINUTEN
MARINIEREN: 1 STUNDE
RUHEZEIT: 1 STUNDE
GARZEIT: 45 MINUTEN

FÜR DAS CHUTNEY

- 500 g Tomaten
- 2 rosa Knoblauchzehen
- 60 g Ingwer
- 1 süße Zwiebel
- 5 EL Olivenöl
- 50 ml Reisessig
- 50 g Mostarda (in Senfsirup konfierte Früchte)
- 3 Korianderstängel
- Salz und frisch gemahlener schwarzer Pfeffer

WEITERE ZUTATEN

- 1 sizilianische Aubergine
- 2 EL Olivenöl
- 2 rote Zwiebeln
- 5 EL Granatapfelessig
- 1 Thai-Basilikumstängel
- 1 Hummer (alternativ 500 g High Pressure Lobster)
- Fleur de Sel und Nepalpfeffer

FÜR DIE ZUCCHINIBLÜTEN-BEIGNETS (FAKULTATIV)

- 4 Zucchiniblüten (fakultativ)
- 100 g Weizenmehl (Type 405)
- 50 g Kartoffelstärke
- ½ Tütchen Backpulver
- 1 TL Salz
- 1 Eigelb
- ca. 150 ml eiskaltes Wasser
- Frittieröl

ZUSAMMENSTELLEN

- 8 kleine Pita-Brote
- Korianderblüten

HUMMER-BURGER

mit Tomaten-Ingwer-Chutney

Zunächst das Chutney zubereiten. Dafür die Tomaten von den Stielansätzen befreien und 10 Sekunden in kochendes Wasser tauchen. In Eiswasser abschrecken, häuten, halbieren und entkernen; Fruchtfleisch würfeln. Die Haut mit den Kernen mixen und filtern. Saft beiseitestellen.

Knoblauch, Ingwer und Zwiebel schälen, klein hacken und in Olivenöl anschwitzen. Reisessig, Mostarda, Tomatenwürfel und Tomatensaft hinzugeben und mit Salz und Pfeffer abschmecken. Zum Kochen bringen, auf kleiner Flamme etwa 30–40 Minuten langsam einkochen lassen. Abkühlen. Koriander fein hacken und unterrühren.

Falls Zucchiniblüten-Beignets zum Burger gereicht werden, zunächst einen Tempurateig herstellen. Dazu Mehl, Stärke, Backpulver, Salz, Eigelb und Wasser mit dem Rührbesen zu einem flüssigen Teig verarbeiten. Teig ½–1 Stunde an einem kühlen Ort ruhen lassen. Zucchiniblüten in Tempurateig eintauchen und in heißem Öl frittieren.

Den Ofen auf Grillfunktion vorheizen. Aubergine in feine Streifen schneiden und würzen. Mit Olivenöl bestreichen und im Ofen unter dem Grill braten.

Zwiebeln mit dem Gemüsehobel in feine Scheiben schneiden. Mindestens 1 Stunde in Granatapfelessig marinieren. Thai-Basilikum vom Stängel zupfen.

Den Hummer halbieren, die Scheren abtrennen. Hummerfleisch mit Olivenöl einpinseln, mit Fleur de Sel und Nepalpfeffer würzen. Unter dem Grill 5–6 Minuten garen. Die Beine 3 Minuten länger unter dem Grill lassen. Abkühlen lassen, dann das Fleisch auslösen.

Zusammenstellen

Die Pita-Brote unter einem mäßig feuchten Tuch im Ofen erwärmen. Vier Brote mit Tomatenchutney bestreichen. Hummerstücke darauf verteilen. Mit Zwiebelringen, Thai-Basilikum, gegrillter Aubergine und Korianderblüten garnieren. Die übrigen Pita-Brote als Deckel auflegen, mit Tomatenchutney und fakultativ mit Zucchiniblüten-Beignets servieren.

Der Küchenchef hat sich als Meeresgärtner nützlich gemacht und dem Hummer-Medaillon ein Bett aus Tomaten bereitet. Man hat nur ein einziges Bestreben: seine Netze nach diesem Burger auszuwerfen …

William
LEDEUIL
[ZE KITCHEN GALERIE]*

FÜR 4 PERSONEN

ZUBEREITUNG: 45 MINUTEN
RUHEZEIT: 30 MINUTEN
GARZEIT: 45 MINUTEN

FÜR DIE CHINESISCHEN DAMPFBRÖTCHEN

- 250 g Banh-Bao-Mehl (gebleichtes Mehl, alternativ Weizenmehl Type 405)
- 60 g Zucker
- 4 g Trockenhefe

FÜR DIE TERIYAKI-MARINADE

- 3 Knoblauchzehen
- 40 g junger Ingwer
- 2 Zitronengrasstängel
- 200 ml Teriyaki-Sauce
- 2 EL Savora (französische Würzpaste auf Senfbasis)
- 1 EL flüssiger Honig
- 1 EL Erdnussöl

FÜR DEN LACKIERTEN SCHWEINEBAUCH

- 400 g gekochter Schweinebauch
- 1 Zitronengrasstängel
- 2 Knoblauchzehen
- 200 ml Olivenöl
- 30 g Ingwer
- 1 rote Paprika

FÜR DIE ZWIEBELN

- 4 Cevennen-Zwiebeln
- 500 ml Milch
- 50 g Mehl

ZUSAMMENSTELLEN

- 50 g marinierte Papaya
- 1 Bund Koriander
- einige Blätter vietnamesischer Koriander
- einige Blätter Schokominze
- 2 Trébons-Zwiebeln (süße Frühlingszwiebeln)

BURGER
mit lackiertem Schweinebauch

Für die Brötchen Mehl, Zucker und Trockenhefe mit etwas warmem Wasser zu einem geschmeidigen Teig verarbeiten. Aus dem Teig eine Kugel formen, in eine Schüssel geben, mit einem sauberen Geschirrtuch abdecken und 30 Minuten ruhen lassen. Anschließend in vier Portionen teilen und diese zu Kugeln formen. Hefeteigkugeln 15 Minuten im Siebeinsatz des Dampfdrucktopfs dämpfen.

Für die Teriyaki-Marinade Knoblauch und Ingwer schälen und mit den Zitronengrasstängeln klein schneiden. In einem Topf mit Teriyaki-Sauce, Savora und Honig mischen. Zum Kochen bringen, Erdnussöl zugeben und 15 Minuten köcheln lassen, dann mixen und filtern.

Schweinebauch in dünne Scheiben schneiden. Zitronengras in vier Teile schneiden, Knoblauchzehen schälen, beides mit Öl in eine Pfanne geben und erhitzen. Schweinebauchscheiben im heißen Öl von beiden Seiten goldbraun braten. 4–5 TL Teriyaki-Marinade zugeben und das Fleisch damit übergießen. Ingwer hacken, Paprika in Streifen schneiden und zugeben.

Zwiebeln in feine Ringe schneiden, in Milch tauchen, in Mehl wenden und frittieren.

Zusammenstellen

Dampfbrötchen so aufschneiden, dass der Brötchendeckel mit dem unteren Teil verbunden bleibt. Boden- und Deckelinnenseiten mit Teriyaki-Marinade beträufeln. Auf die untere Hälfte eine Scheibe Schweinebauch, marinierte Papayascheibchen, Koriander, vietnamesischen Koriander, Trébons-Zwiebelringen und frittierte Zwiebelringe legen.

Ein süßes Brötchen in Form eines Nähkästchens. Doch in seinem Innern verbergen sich weder Fingerhut noch Garnröllchen, sondern würzig-sauer lackierter Schweinebauch von knuspriger und zugleich zart schmelzender Konsistenz, nadelfeine Papayastreifen …

Fabien LEFEBVRE

[OCTOPUS]*

FÜR 8 PERSONEN

ZUBEREITUNG: 40 MINUTEN
RUHEZEIT: 12 STUNDEN + 2 ½ STUNDEN
GARZEIT: 3 ½ STUNDEN

FÜR DEN OKTOPUS

- 1 küchenfertiger Oktopus (ca. 2 kg)
- 1 Bouquet garni (Petersilie, Thymian, Lorbeerblatt, Sellerie)

FÜR DIE SCHWARZEN BRÖTCHEN

- 420 g Weizenmehl (Type 550)
- 8 g Salz
- 40 g Zucker
- 10 g frische Hefe
- 170 ml lauwarme Milch
- 2 Eier
- 4 Tütchen Sepiatinte
- 25 g weiche Butter
- schwarze Sesamsamen

FÜR DIE SAUCE

- 250 ml Oktopuskochsud
- 100 g gekochtes Tomatenfruchtfleisch
- 1 Eigelb
- 1 EL Senf
- 280 ml Olivenöl
- 1 TL Paprika de la Vera (geräuchertes Paprikapulver)

ZUSAMMENSTELLEN

- 4 EL Olivenöl
- 200 g Queller

OKTOPUS-BURGER

Am Vortag den Oktopus kochen. Dazu den ganzen Oktopus mit viel kaltem gesalzenem Wasser ansetzen. Etwa 2 Stunden kochen, dann ein großes Bouquet garni zugeben und 1 Stunde weiterkochen. Zur Garprobe mit einer feinen Nadel in eine Tentakel stechen: Das Fleisch muss einen leichten Widerstand bieten. Oktopus über Nacht im Kochsud abkühlen lassen.

Für die Brötchen das Mehl sieben, mit Salz und Zucker in einer großen Schüssel mischen. In einer anderen Schüssel Hefe in warmer Milch auflösen, Eier und Tinte zugeben. Mit dem Schneebesen verrühren. Die Hefe-Ei-Mischung zum Mehl geben und alles zu einem geschmeidigen Teig kneten. Dann die Butter zugeben und ca. 15 Minuten weiterkneten, bis der Teig sich von der Schüsselwand löst. Den Teig an einem warmen Ort 1 ½ Stunden gehen lassen.

Wenn er das Doppelte seines Ausgangsvolumens erreicht hat, in acht Portionen teilen und kleine Kugeln daraus formen. Eine Stunde gehen lassen. Den Ofen auf 190 °C Umluft vorheizen. Brötchenoberseite mit Wasser benetzen und mit schwarzem Sesam bestreuen. 12 Minuten backen, auf einem Gitter abkühlen lassen und aufschneiden.

Oktopus aus dem Sud nehmen, Tentakel am Rand des Körpers mit einem Messer abtrennen. Tentakel längs einkerben, jedes Tentakel in vier Stücke schneiden.

Für die Sauce Oktopuskochsud auf ca. 150 ml reduzieren. Tomatenfruchtfleisch zugeben und bei milder Hitze 8 Minuten köcheln lassen. Platte ausschalten, abkühlen lassen, dann kalt stellen. Eigelb und Senf in einer kleinen Schüssel verrühren, nach und nach mit dem Olivenöl zu einer Mayonnaise aufschlagen (nicht salzen, die reduzierte Oktopusbrühe reicht zum Würzen vollkommen aus). Reduzierte Tomaten-Oktopus-Brühe unter die Mayonnaise ziehen, mit Paprika würzen.

Zusammenstellen

Oktopus kurz vor dem Servieren in heißem Olivenöl 2–3 Minuten kräftig anbraten, aus der Pfanne nehmen und warm stellen. Queller unter fließendem Wasser abspülen und kurz in derselben Pfanne anbraten.

Auf die unteren Brötchenhälften Oktopus, darüber Queller und Sauce geben. Brötchendeckel auflegen, sofort servieren.

Der Oktopus hat unter den Weichtieren den ausgeprägtesten Charakter. Kein anderer kann es so gut mit Queller und Paprika de la Vera aufnehmen wie er. Er wartet in Ruh', dann greift er zu.

Fabien LEFEBVRE

[OCTOPUS]*

FÜR 4 PERSONEN

ZUBEREITUNG: 50 MINUTEN
RUHEZEIT: 12 STUNDEN
GARZEIT: 2 STUNDEN

FÜR DAS FLEISCH

- 1,5 kg Ziegenschulter
- 1 Zwiebel
- 1 Karotte
- 1 Fenchelknolle
- 1 ganze Knoblauchknolle
- 4 Thymianzweige
- Piment d'Espelette und Salz

FÜR DEN BÄRLAUCHSPONGE

- 100 g Bärlauch
- 120 g Mehl
- 4 g Backpulver
- 5 g Salz
- 70 g Butter
- 5 Eier

WEITERE ZUTATEN

- 1 Salzzitrone
- 4 Anchovisfilets
- 8 Piquillos (milde rote Paprika)
- 1 Bund Frühlingszwiebeln

ZUSAMMENSTELLEN

- 100 g Tapenade

BURGER

„Zicklein im Grünen"

Am Vortag das Ziegenfleisch garen. Fleisch mit Piment d'Espelette und Salz würzen. Zwiebel, Karotte, Fenchel, Knoblauch und Thymian putzen, ggf. schälen, klein schneiden und in einen Schmortopf geben. Das Fleisch anbraten, dann auf dem Gemüsebett zugedeckt 1 ¾ Stunden schmoren. Das Fleisch ist gar, wenn sich die Knochen leicht herausziehen lassen. Knochen entfernen und das noch heiße Fleisch in einer kochfesten Folie zu einer Rolle (Ø ca. 9 cm) formen. Über Nacht in den Kühlschrank legen.

Für den Bärlauchsponge Zutaten, bis auf die Eier, mit 180 ml Wasser mixen, dann die Eier zugeben. Masse in einen iSi-Siphon füllen, mit Sahnekapseln befüllen und in acht Plastikringe (Ø 8 cm) spritzen. In der Mikrowelle auf höchster Stufe 1 ½ Minuten backen.

Salzzitrone vierteln und in einen Topf mit kaltem Wasser legen. Zum Kochen bringen. Hitze ausschalten, abgießen, Zitrone in 2 cm große Stücke schneiden. Anchovisfilets schräg in 2 cm lange Stücke, die Piquillos in 1 cm breite Streifen schneiden. Frühlingszwiebeln putzen, kurz auf der Grillplatte anbraten, danach in Stücke schneiden.

Zusammenstellen

Ziegenfleisch aus dem Kühlschrank nehmen. Folie entfernen. Fleisch in acht gleich dicke Scheiben schneiden, Scheiben kurz auf der Grillplatte oder in der Pfanne anbraten. Sponges aufschneiden. Alle Zutaten für die Garnitur außer der Tapenade auf der Grillplatte erwärmen. Je eine Ziegenfleischscheibe auf die Sponges legen, mit Tapenade bestreichen, dann mit Anchovis, Paprikastreifen, Zitronenstücken und Frühlingszwiebeln garnieren. Je einen zweiten Sponge oben auflegen und sofort servieren.

Die Küche des Minervois im Südosten Frankreichs verzichtet auf Halbtöne. Mit ihren kraftvollen Akkorden setzt sie mitreißende Akzente. Anchovis unterstreichen die besondere Note des Zickleins. Von solchen Klängen angelockt, gesellt sich England mit an die Tafel, ein Brot nach Art des Spongecake im Gepäck. *Willkommen in Frankreich!*

Stéphanie LE QUELLEC
[LA SCÈNE]*

FÜR 4 PERSONEN

ZUBEREITUNG: 40 MINUTEN
RUHEZEIT: 1 STUNDE
GARZEIT: 15 MINUTEN

FÜR DIE BRÖTCHEN

- 200 ml Milch
- 10 g frische Hefe
- 20 g Butter
- 360 g Weizenmehl (Type 550)
- 2 g Salz
- 1 TL Zucker
- schwarze Sesamsamen

FÜR DAS TATAR

- 500 g Rindfleisch (Nuss)
- 2 EL Olivenöl
- 4 Frühlingszwiebeln
- 1 Bund glatte Petersilie
- 40 g Kapern
- 60 g Cornichons
- 6 EL Mayonnaise
- 2 EL Savora (französische Würzpaste auf Senfbasis)
- ½ TL Tabasco
- 1 TL Worcestershiresauce
- Fleur de Sel, frisch gemahlener Pfeffer

ZUSAMMENSTELLEN

- 4 Wachteleier
- Öl

TATAR-BURGER

Für die Brötchen Milch erwärmen, Hefe darin auflösen. Butter zerlassen und dazugeben. Mehl, Salz und Zucker zugeben und 10 Minuten kneten. Schüssel mit einem Geschirrtuch abdecken und den Teig bei Zimmertemperatur 30 Minuten gehen lassen. Wenn der Teig das Doppelte seines Ausgangsvolumens erreicht hat, eine Kugel daraus formen, dann 1 cm hoch ausrollen. Quadrate (8 x 8 cm) ausschneiden, nochmals 30 Minuten gehen lassen. Ofen auf 180 °C vorheizen, Brot mit Sesam bestreuen und 15 Minuten backen.

Für das Tatar das Fleisch mit dem Messer sehr fein würfeln, mit Olivenöl würzen. Frühlingszwiebeln und Petersilie sehr fein schneiden, Kapern und Cornichons fein hacken und separat zur Seite stellen. Mayonnaise mit Savora mischen, mit Tabasco und Worcestershiresauce, Salz und Pfeffer abschmecken. Die Mayonnaise soll herzhaft-würzig sein.

Zusammenstellen

Brote aufschneiden und kurz toasten. Tatar mithilfe eines rechteckigen Ausstechers von der Größe des Brots auf die unteren Brothälften auftragen. Oberfläche glätten, mit 2 TL Mayonnaise überziehen. Zwiebeln, Petersilie, Kapern und Cornichons schachbrettartig auf dem Tatar anordnen. Wachteleier braten und auf jeden Burger ein kleines Spiegelei setzen. Mit einem kleinen Salat servieren.

Sauber reihen sich die Felder aneinander wie bei einem Himmel-und-Hölle-Hüpfspiel. Die edle Garnitur folgt demselben Prinzip: streng getrennt und doch gehört alles zusammen. Das „dry-aged" Rindfleisch ist das Startfeld, von dort geht's zu den Kapern und den Cornichons. Man möchte so gerne probieren, wenn dabei doch bloß das Muster nicht zerstört würde!

Stéphanie LE QUELLEC

[LA SCÈNE]*

FÜR 4 PERSONEN

ZUBEREITUNG: 30 MINUTEN
RUHEZEIT: 1 STUNDE
GARZEIT: 15 MINUTEN

FÜR DIE FOCACCIA

- 20 g frische Hefe
- 10 g Sepiatinte
- 400 g Weizenmehl (Type 405)
- 10 g Salz
- 100 g Olivenöl

FÜR DIE VINAIGRETTE

- 2 Roma-Tomaten
- 1 Knoblauchzehe
- 20 g Ingwer
- Zesten von 1 Limette
- 6 EL Olivenöl

WEITERE ZUTATEN

- 250 g frischer Thunfisch
- 250 g rosa gegartes Kalbfleisch
- 2 EL Olivenöl
- 40 g Parmesan
- 12 Oliven
- 2 Kapernäpfel
- 4 Erdbeeren
- 1 Frühlingszwiebel
- 1 Handvoll feine Rucolablätter
- Fleur de Sel und frisch gemahlener Pfeffer

VITELLO-TOMATO-BURGER

Für die Focaccia Hefe in 150 ml Wasser und der Sepiatinte auflösen. Mit dem Mehl verkneten, Salz und Olivenöl zugeben und 15 Minuten weiterkneten. Den glatten Teig in eine Schüssel legen, mit einem Geschirrtuch abdecken und 30 Minuten bei normaler Zimmertemperatur gehen lassen.

Anschließend den Teig zu einer Kugel formen, Teig ca. 5 mm dick ausrollen und mit einem Ausstecher (Ø 8 cm) vier Scheiben ausstechen und auf ein mit Backpapier ausgelegtes Backblech legen. Mit Olivenöl bestreichen und noch einmal 30 Minuten gehen lassen. Ofen auf 200 °C Umluft vorheizen und 15 Minuten backen.

Für die Vinaigrette Tomaten, Knoblauch, geriebenen Ingwer, Limettenzesten und Olivenöl mixen. Mit Salz und Pfeffer abschmecken, durch eine feines Spitzsieb passieren.

Thunfisch und Kalbfleisch in lange, feine Scheiben schneiden. Mit Salz, Olivenöl würzen, Scheiben einzeln aufrollen. Parmesan hobeln, Oliven, Kapernäpfel und Erdbeeren in Scheiben schneiden. Frühlingszwiebel schräg in Stücke schneiden.

Zusammenstellen

Focaccia aufschneiden, toasten und mit Vinaigrette beträufeln. Dann abwechselnd Thunfisch- und Kalbfleischröllchen aufrecht auf den unteren Hälften anordnen. Mit Parmesan, Oliven, Kapernäpfeln, Erdbeeren und Rucola garnieren.

★ **Dazu passt ein Beilagensalat.**

Italienische Anklänge auf einer dunklen Focaccia, die wirkt, als wäre sie von Vulkanasche geschwärzt. Darauf präsentieren sich Thunfisch und Kalb in zarten Rosatönen. Ein Schmuckstück zum Schlemmen, dem die Limette nicht nur optische Glanzlichter aufsetzt.

ALTO-SHAAM

FÜR 4 PERSONEN

ZUBEREITUNG: 40 MINUTEN
GARZEIT: 30 MINUTEN

Jean-Yves LEURANGUER

[LE DIANE]*

FÜR DEN WAFFELTEIG

- 125 g Mehl
- 120 ml Milch
- 4 Eigelb
- 125 g Kartoffeln (Agria)
- 125 g Crème fraîche

FÜR DEN HUMMER

- 350 g Hummer (High Pressure Lobster)
- 100 g Schalotten
- 1 Thymianzweig
- 1 Lorbeerblatt
- 100 ml Weißwein

WEITERE ZUTATEN

- 200 g Fenchelknolle
- 1 Apfel (Granny Smith)
- 50 ml Olivenöl
- 1 Zitrone
- 60 g Sahne

ZUSAMMENSTELLEN

- 150 g Wakame (japanische Speisealge)
- 40 g Baeri-Störkaviar (vom sibirischen Stör, alternativ Meeräschenrogen)
- 50 g Lachsrogen
- 2 Fenchelstängel mit Grün
- Sel de Guérande
- frisch gemahlener weißer Pfeffer

WAFFEL-BURGER

mit Hummer und Wakame

Für den Waffelteig Mehl, Milch und Eigelbe zu einem dickflüssigen Teig verrühren. Die Kartoffeln in sehr feine Stifte schneiden und mit der Crème fraîche unterziehen. Aus dem Teig im Waffeleisen vier rechteckige Waffeln backen.

Schalotten grob zerkleinern, mit den Hummerstücken, Thymian und Lorbeerblatt in einem Schmortopf anbraten. Weißwein zugeben, Topf schließen und fertig garen.

Fenchelknolle reiben, Apfel in feine Stifte schneiden, mischen und mit Olivenöl und Zitronensaft würzen. Sahne steif schlagen.

Zusammenstellen

Waffeln halbieren. Aus der ersten Hälfte eine Scheibe ausstechen, die zweite Hälfte diagonal in zwei Dreiecke schneiden. Die Waffelscheibe zuerst mit Wakame und dann mit Fenchel- und Apfelstiften belegen. Hummerscheiben auf das Gemüsebett und auf den Hummer ein Waffeldreieck legen.

Die Vertiefungen der Waffel mit Kaviar, Lachsrogen und einem Sahnehäubchen füllen. Fenchelstängel mit Grün der Länge nach halbieren und die Burger damit dekorieren.

So wird plötzlich aus dem Brötchen eine Waffel, Erinnerungen an das flache Land. Doch hat das Meer den süßen Puderzucker weggeblasen und Wakame-Alge, Hummer, Lachsrogen und Kaviar zu einem Bouquet verwoben, das Auge und Mund erfreut ...

Jean-Yves LEURANGUER

[LE DIANE]*

FÜR 4 PERSONEN

ZUBEREITUNG: 1 STUNDE
GARZEIT: 40 MINUTEN

- 1,5 kg Kartoffeln
- 1 TL geriebene Muskatnuss
- 80 g geklärte Butter
- 8 Babyartischocken
- 200 ml Olivenöl
- 120 g Rucola zzgl. etwas zum Garnieren
- 4 Entenbrustfilets
- 200 g Foie-gras-Terrine
- 40 g Kürbiskerne
- 4 kleine Tomaten (Green Zebra)
- 20 Knoblauchblüten
- Salz und frisch gemahlener schwarzer Pfeffer

RÖSTI-ENTEN-BURGER

mit Foie gras

Kartoffeln schälen und in sehr feine Stifte schneiden oder reiben. Mit Muskatnuss, Salz und Pfeffer würzen. Geklärte Butter in einer beschichteten Pfanne erhitzen, Kartoffelstifte hineingeben, mit der Gabel etwas zerdrücken. Von beiden Seiten goldgelb backen und acht runde Kartoffelplätzchen ausstechen.

Artischocken vorbereiten. Dazu den Stiel abschneiden. Artischocke mit den Blättern nach unten halten und die Blätter rundum von unten nach oben abschneiden, bis das Artischockenherz freigelegt ist. Artischockenherzen in feine Scheiben schneiden, in Olivenöl braten. Zum Schluss die Rucolablätter hinzufügen.

Von der Entenbrust die Haut abziehen, in kleine Würfel schneiden und in einem Topf erhitzen. Dabei schmilzt das Fett. Hautwürfel weiter brutzeln, bis sie schön kross sind.

Entenbrustfilets in der Pfanne rosa braten, salzen und pfeffern. Fleisch vor dem Aufschneiden ruhen lassen.

Zusammenstellen

Vier feine Scheiben von der Terrine abschneiden. Vier Kartoffelplätzchen mit gebratener Artischocke, Rucola, je einer Scheibe Foie gras und zu Rosetten aufgerollten Entenbrustscheiben belegen. Jeweils ein Kartoffelplätzchen oben auflegen, mit Kürbiskernen bestreuen und je eine kleine Tomate aufstecken. Mit Rucolablättchen, Knoblauchblüten und knusprigen Entenhautwürfeln garnieren.

Kartoffelplätzchen sind ein typisches Winteressen. Dazu passen Foie gras und Ente und eine Variation mit Halbtönen aus roher und gebratener Babyartischocke. Was aber Gegensätze wie die grüne Tomate als sommerlich-leuchtenden Akzent nicht ausschließt.

Lionel
LÉVY
[ALCYONE]*

FÜR 10 PERSONEN

ZUBEREITUNG: 20 MINUTEN

- 100 g Wasabi-Wurzel
- 30 g Mayonnaise
- 500 g Apfel (z. B. Granny Smith)
- 450 g Fenchel
- 1 Gurke
- 1 Staudenselleriestange
- je 1 Handvoll Koriander-, Minze- und Petersilienblätter
- 10 schwarze Burgerbrötchen (s. S. 98)
- 600 g schottischer Räucherlachs

MARSEILLE-BURGER

Wasabi-Wurzel schälen und reiben, unter die Mayonnaise rühren. Apfel mit Schale fein würfeln. Fenchel mit dem Gemüsehobel in feine Streifen schneiden, in Eiswasser legen und beiseitestellen.

Gurke streifig schälen. Anschließend in Scheiben (8 mm) schneiden. Den Sellerie ebenfalls in feine Scheiben schneiden, das Selleriegrün beiseitestellen.

Zusammenstellen

Wasabi-Mayonnaise auf die unteren Brötchenhälften streichen, Apfelwürfel darüberstreuen. Gurkenscheiben rosettenförmig auf die Mayonnaise legen, sodass sie seitlich etwas überstehen. Lachs auf die Gurkenscheiben legen. Petersilie, Minze, Koriander und Staudensellerie darüberstreuen.

Brötchendeckel mit Wasabi-Mayonnaise bestreichen. Fenchelstreifen abtropfen lassen und auf der Mayonnaise verteilen. Mit Sellerieblättchen dekorieren.

Lionel Lévy kommt aus Marseille und setzt mit seinem Burger ein Zeichen gegen Gewalt in Marseille. Dieser Burger mit seinem frischen Bouquet aus Lachs und Gurke sendet die Botschaft aus: Lasst Brote sprechen, nicht die Fäuste ...

Lignac

Jean-Michel LORAIN

[LA CÔTE SAINT JACQUES]***

FÜR 4 PERSONEN

ZUBEREITUNG: 1 STUNDE 15 MINUTEN
MARINIEREN: 12 STUNDEN
RUHEZEIT: 2 STUNDEN 10 MINUTEN
GARZEIT: 2 ½ STUNDEN

FÜR DIE SCHNECKEN

- 400 g Schnecken
- 4 Knoblauchzehen
- 100 ml Traubenkernöl
- 50 ml Kalbsjus
- 20 g Butter

FÜR DIE BRÖTCHEN

- 12 g frische Hefe
- 550 g Weizenmehl (Type 550)
- 20 g Zucker
- 2 TL Salz
- 160 ml Milch
- 1 Ei
- 30 g Butter

FÜR DIE TOMATEN

- 800 g Roma-Tomaten
- 2 Bund Basilikum
- 300 ml Olivenöl

FÜR DEN MOZZARELLA

- 200 g geräucherter Mozzarella
- 100 g Sahne
- 120 ml Milch
- 1,5 g Agar-Agar (pflanzliches Geliermittel)

ZUSAMMENSTELLEN

- Basilikum

SCHNECKEN-HAMBURGER

mit geräuchertem Mozzarella

Am Vortag die Schnecken einlegen. Dafür Knoblauchzehen mit Traubenkernöl übergießen, Schnecken hineingeben und 12 Stunden marinieren.

Am nächsten Tag für den Brötchenteig Hefe in 120 ml warmem Wasser auflösen. 10 Minuten gehen lassen. Mehl, Zucker und Salz in einer Schüssel mischen. Vorteig mit Milch und Ei zum Mehl geben und zu einem recht festen Teig kneten. Zerlassene, mäßig warme Butter zugeben und 10 Minuten mit dem Knethaken einarbeiten. Mit einem Tuch abdecken und 1 Stunde ruhen lassen.

Vier Kugeln à 50 g und vier Kugeln à 100 g formen. Kleine Tortenringe (Ø 5 bzw. 10 cm) mit Backpapier auskleiden, auf ein Blech setzen und die Teigkugeln in die Ringe entsprechender Größe setzen. An einem warmen Ort 1 Stunde gehen lassen. Ofen auf 200 °C vorheizen, Brötchen 10–15 Minuten backen. Zuerst die kleinen Brötchen herausnehmen, die großen ein paar Minuten später. Abkühlen lassen.

Tomaten in dünne Scheiben schneiden und rosettenförmig (Ø 13 cm) auf ein mit Backpapier ausgelegtes Backblech legen. Den Ofen auf 70 °C vorheizen, die Tomaten hineingeben und 2 Stunden garen. Nach dem Garen sollte die Rosette einen Durchmesser von 10 cm haben. Olivenöl und Basilikum mixen, ein Drittel des Öls zum Anrichten beiseitestellen. Tomaten mit dem restlichen Basilikumöl einpinseln. Kühl stellen.

Mozzarella mit Sahne und Milch schmelzen, Agar-Agar hinzufügen, erhitzen, aber nicht kochen. Mixen. In einen iSi-Siphon füllen, ein oder zwei Sahnekapseln einsetzen, Siphon ins Wasserbad stellen.

Die Schnecken fertigstellen. Dafür Kalbsjus im Topf erhitzen und reduzieren. Schnecken und Knoblauch abtropfen lassen, Butter in der Pfanne zerlassen und die Schnecken darin anbraten, Knoblauch hinzufügen, mit reduziertem Kalbsjus ablöschen.

Zusammenstellen

Große Brötchen 1 cm über dem Boden aufschneiden, nur den Boden weiterverwenden. Kleine Brötchen halbieren, nur den Deckel weiterverwenden. Diesen mit einem Ausstecher (Ø 3 cm) mittig ausstechen. Die Brötchenböden mit Basilikumöl beträufeln, dann die Tomatenrosette auf die Böden setzen. Schnecken in einem Kreis (Ø 8 cm) auf die Rosette legen, sodass der Tomatenrand außen sichtbar bleibt. Den Brötchendeckel aufsetzen, in die Mulde mit dem Siphon und einer feinen Tülle ein Häubchen Mozzarellacreme spritzen. Mit Basilikumblättchen dekorieren.

Die Weinbergschnecke hat ihr Haus abgeworfen, um dem Gourmet ihr zartes Fleisch mit dem leicht nussigen Aroma darzubieten. Ein Spritzer Knoblauchöl verleiht die nötige Würze, die Tomate saftige Frische. Eine Wolke aus Mozzarellacreme rundet diese köstliche Einladung sanft ab.

Jean-Michel LORAIN

[LA CÔTE SAINT JACQUES]***

FÜR 4 PERSONEN

ZUBEREITUNG: 1 ½ STUNDEN
MARINIEREN: 24 STUNDEN
RUHEZEIT: 2 STUNDEN 10 MINUTEN
GARZEIT: 12 STUNDEN + 30 MINUTEN

FÜR DAS WAGYU-PASTRAMI

- 4 g Nitritpökelsalz
- 14 g Salz
- 4 g Piment
- 4 g Koriandersamen
- 800 g Rinderbrust (Wagyu-Rind)
- 2 l Gemüsebrühe

FÜR DIE BRÖTCHEN

- 160 ml Milch
- 12 g frische Hefe
- 550 g Weizenmehl (Type 550)
- 20 g Zucker
- 2 TL Salz
- 1 Ei
- 30 g Butter

FÜR DIE GARNITUR

- 150 g Frühlingszwiebeln
- 20 g Butter
- 1 Kohlrabi
- 150 g süßsaure Gewürzgurken
- 60 g Foie gras

ZUSAMMENSTELLEN

- 1 Karotte
- 4 Radieschen
- 8 Borretschblüten
- Salish-Rauchsalz

HAMBURGER mit Wagyu-Pastrami

Zwei Tage vorher Nitritpökelsalz, Salz, Piment und Koriander mischen. Das Fleisch damit einreiben, 24 Stunden im Kühlschrank einwirken lassen. Am nächsten Tag das Fleisch mit der Gemüsebrühe aufsetzen. 12 Stunden auf 83 °C gar ziehen lassen, bis es schön weich und mürbe ist. Kühl aufbewahren.

Für die Brötchen Milch mit 120 ml warmem Wasser mischen und Hefe darin auflösen. 10 Minuten gehen lassen. Mehl, Zucker und Salz in einer Schüssel mischen. Vorteig mit dem Ei zum Mehl geben und zu einem recht festen Teig kneten. Zerlassene, mäßig warme Butter zugeben und 10 Minuten mit dem Knethaken einarbeiten. Den Teig mit einem Tuch abdecken und 1 Stunde ruhen lassen. Rechteckige Brötchen (5 x 12 cm) formen. Auf ein Backblech setzen und 1 Stunde an einem warmen Ort gehen lassen. Ofen auf 200 °C vorheizen, Brötchen in 10–15 Minuten fertig backen. Herausnehmen und abkühlen lassen.

Frühlingszwiebeln in feine Ringe schneiden, in Butter glasig dünsten. Kohlrabi in feine Stifte schneiden, die Hälfte in Butter anschwitzen, den Rest in Eiswasser zum Anrichten beiseitestellen. 100 g der Gewürzgurken längs in feine Stifte schneiden. Zwiebel, Kohlrabi und Gewürzgurken mischen und beiseitestellen. Die Foie gras in dünne Scheiben (2 mm) schneiden.

Das Rindfleisch in 1 mm dünne Rechtecke (6 x 8 cm) schneiden. Die vorbereiteten Zutaten übereinanderschichten und dabei jeweils um 1 cm in Längsrichtung (nach unten) verschieben, bis eine Gesamtlänge von 16 cm erreicht ist. Nach folgendem Muster arbeiten: Fleisch, Gemüsestreifen, Fleisch, Gemüsestreifen, Fleisch, Foie gras und wieder mit dem Fleisch beginnen. Garnitur im Kühlschrank verfestigen lassen. Dann die Überstände gerade abschneiden. Jede Garnitur in der Mitte der Länge nach halbieren und wie ein Buch aufklappen, sodass die einzelnen Schichten zu sehen sind. Mit Folie umhüllen und kühl stellen.

Zusammenstellen

Aus Karotte und restlichen Gewürzgurken mit dem Kugelausstecher je 20 Kugeln formen. Kugeln mit kochendem Wasser überbrühen, danach in den Gewürzgurkenessig einlegen. Radieschen in feine Stifte schneiden und zu den Kohlrabistiften in das Eiswasser geben.

Ofen auf 56 °C vorheizen. Die vier Garnituren im heißen Ofen 10 Minuten erhitzen. Brötchen aufschneiden, die oberen Hälften längs in drei Teile schneiden. Je eine Garnitur auf einen Brötchenboden legen, die Deckelstreifen rechts und links anlegen, den Burger mit Holzspießen zusammenhalten. Mittig der Länge nach Kohlrabi- und Gurkenstiften auflegen, mit Karotten- und Gurkenkugeln, Radieschenstreifen und Borretschblüten dekorieren. Mit Rauchsalz servieren.

Das ist Luxus, der sich in Bescheidenheit hüllt. Fleisch, Foie gras und Gemüse werden wie die Karten einer Patience nach und nach aufgedeckt. Eine filigrane Komposition außerhalb der Zeit.

Nicolas
MAGIE
[LE SAINT-JAMES]*

FÜR 4 PERSONEN

ZUBEREITUNG: 45 MINUTEN
RUHEZEIT: 1 STUNDE
GARZEIT: 20 MINUTEN

FÜR DIE AVOCADO

- 125 g Weißweinessig
- 60 g Weißwein
- 1 Avocado
- Zucker, Piment d'Espelette, Salz

FÜR DIE BRÖTCHEN

- 100 g Maismehl
- 250 g Weizenmehl (Type 405)
- 20 g Zucker
- 1 TL Fleur de Sel
- 1 Ei
- 10 g frische Hefe
- 75 g zimmerwarme Butter
- 15 g Estragon
- 10 g gesalzener Popcornmais

FÜR DIE SAUCE BÉARNAISE

- 20 g Schalotte
- 100 g Estragon
- 40 ml Weißweinessig
- 2 Eigelb
- 200 g Butter
- Piment d'Espelette, Salz und frisch gemahlener Pfeffer

WEITERE ZUTATEN

- 1 Apfel (Granny Smith)
- ½ rote Zwiebel
- Saft von ½ Limette
- 5 g fein gehackter Estragon
- 4 Scheiben Wildlachs (à ca. 100 g, ohne Gräten und Haut)
- Olivenöl

HAMBURGER

mit Adour-Wildlachs, Sauce béarnaise, grünem Apfel und marinierter Avocado

Für die Avocado Weißweinessig, Weißwein und 130 ml Wasser mit Zucker, Salz und Piment d'Espelette (nach Geschmack) aufkochen. Sud in ein sauberes Gefäß gießen und kalt werden lassen. Avocado schälen, entsteinen und das Fruchtfleisch in Spalten schneiden. Avocadospalten in die Marinade legen und 6 Stunden im Kühlschrank ziehen lassen.

Für die Brötchen Maismehl, Mehl, Zucker und Fleur de Sel in die Rührschüssel einer Küchenmaschine geben. Ei, Hefe und weiche Butter hinzufügen. Auf niedriger Stufe 3–4 Minuten kneten. Den Estragon fein schneiden und einarbeiten. Teig 30 Minuten gehen lassen. Anschließend durchkneten und zu Kugeln (Ø 8 cm) formen. Teigkugeln auf ein Blech legen und erneut 30 Minuten gehen lassen. Ofen auf 180 °C vorheizen. Brötchen mit Popcornmais bestreuen und 20 Minuten backen. Aus dem Ofen nehmen und bei Zimmertemperatur aufbewahren.

Für die Sauce béarnaise Schalotte in feine Scheiben schneiden, den Estragon fein hacken. Schalotte, Estragon und Essig in einem kleinen Topf langsam erhitzen. Reduzieren, bis das Wasser vollständig verdampft ist. Vom Herd nehmen und abkühlen lassen. In einer Schüssel die beiden Eigelbe mit 2 EL Wasser, Piment d'Espelette und Salz sowie dem reduzierten Estragonsud verrühren. Im Wasserbad bei etwa 50 °C mit dem Schneebesen aufschlagen, bis die Sauce eine dickliche, sämige Konsistenz annimmt. Nun die weiche Butter stückchenweise unter ständigem Schlagen einarbeiten. Mit Salz und Pfeffer abschmecken. Bei Zimmertemperatur aufbewahren.

Apfel schälen und fein würfeln. Die rote Zwiebel ebenfalls fein würfeln. Apfel und Zwiebel in eine Schüssel geben, mit Limettensaft beträufeln, mit Estragon und Olivenöl bedecken.

Lachs in 1 cm dicke Scheiben schneiden. Die Scheiben etwa 30 Sekunden in einer beschichteten Pfanne in heißem Olivenöl auf einer Seite anbraten.

Zusammenstellen

Brötchen aufschneiden, je 1 TL Sauce béarnaise auf den Böden verteilen. Eine Schicht Apfel-Zwiebel-Würfel auf die Sauce geben, darauf zuerst den Lachs und dann die marinierten Avocadospalten legen. Brötchendeckel mit Sauce béarnaise bestreichen und auflegen.

Dieser Lachs aus den Wildwassern des Audour ist ein Ausnahmeprodukt. Es kommt nur noch darauf an, den richtigen Gargrad zu treffen und zwei oder drei Aromen zu finden, die das Geschmackserlebnis unterstreichen. Avocado, grüner Apfel und Limette setzen frische Akzente, die lange nachschmecken.

Nicolas MAGIE

[LE SAINT-JAMES]*

FÜR 4 PERSONEN

ZUBEREITUNG: 45 MINUTEN
MARINIEREN: 6 STUNDEN
RUHEZEIT: 1 STUNDE
GARZEIT: 20 MINUTEN

FÜR DIE TRAUBEN

- 130 ml Weißweinessig
- 60 ml Weißwein
- 100 g blaue Trauben (Merlot), gehäutet, ohne Kern
- Zucker, Piment d'Espelette, Salz

FÜR DIE BRÖTCHEN

- 15 g Haselnüsse
- 250 g Weizenmehl (Type 405)
- 100 g Esskastanienmehl
- 20 g Zucker
- 6 g Fleur de Sel
- 15 g Sultaninen
- 1 Ei
- 10 g frische Hefe
- 75 g zimmerwarme Butter

FÜR DIE KNOBLAUCHCREME

- 50 g Knoblauch
- ½ l Mandelmilch (Natur)
- Salz und frisch gemahlener Pfeffer

FÜR DIE HASELNUSSCREME

- 80 g Haselnüsse
- ½ rote Zwiebel
- 20 g Schnittlauch
- weißer Balsamico
- 2 TL Haselnussöl

WEITERE ZUTATEN

- 200 g feste Steinpilzköpfe
- 4 Scheiben Foie gras (à 100 g)
- Fleur de Sel
- frisch gemahlener Pfeffer

HAMBURGER

mit gegrillter Foie gras

Für die Trauben Weißweinessig, Weißwein und 130 ml Wasser mit Zucker, Piment d'Espelette und Salz aufkochen. Sud in ein sauberes Gefäß gießen und kalt werden lassen. Trauben in die Marinade legen und 6 Stunden im Kühlschrank ziehen lassen.

Für die Brötchen Haselnüsse in einer Pfanne trocken rösten, anschließend fein hacken. Mehl, Esskastanienmehl, Zucker, Fleur de Sel, Sultaninen und gehackte Haselnüsse in die Rührschüssel einer Küchenmaschine geben. Ei, Hefe und weiche Butter hinzufügen. Auf niedriger Stufe 3–4 Minuten kneten. Teig 30 Minuten gehen lassen. Anschließend durchkneten und zu Kugeln (Ø 8 cm) formen. Teigkugeln auf ein Blech legen und erneut 30 Minuten gehen lassen. Ofen auf 180 °C vorheizen, Brötchen 20 Minuten backen. Herausnehmen und bei Zimmertemperatur abkühlen lassen.

Knoblauch schälen, Keimling entfernen, in kochendem Wasser etwa 20 Sekunden blanchieren und direkt in kaltem Wasser abschrecken. Insgesamt dreimal blanchieren. Die Zehen anschließend in der Mandelmilch bei niedriger Hitze 30 Minuten gar ziehen lassen. Mixen und durch ein Sieb passieren. Mit Salz und Pfeffer abschmecken, bei Zimmertemperatur aufbewahren.

Haselnüsse, Zwiebel und Schnittlauch hacken, mit Balsamico und Haselnussöl verrühren, mit Salz und Pfeffer würzen. In den Kühlschrank stellen.

Steinpilze längs halbieren, auf den nicht mehr ganz so heißen Grill legen, nach 3 Minuten umdrehen. Die Pilze sollen schön knackig bleiben. Foie-gras-Scheiben auf beiden Seiten würzen und von beiden Seiten je 4 Minuten grillen. Auf saugfähigem Papier beiseitestellen.

Zusammenstellen

Brötchen aufschneiden, auf den Böden je 1 TL Knoblauchsauce verteilen. Steinpilze und Foie gras daraufgeben, mit Fleur de Sel und Pfeffer zurückhaltend würzen. Darauf 1 TL Haselnusscreme verteilen und die marinierten Trauben darauflegen. Die Brötchendeckel mit Knoblauchcreme bestreichen und aufsetzen.

Die „Ajo blanco“, die kalte Mandelsuppe mit weißem Knoblauch, stammt aus Sevilla. Die Mandelmilch mildert den Knoblauch, macht ihn zart und schmelzend. Im Zusammenspiel mit Foie gras und frischer Merlot-Traube verliert er den letzten Rest seiner ursprünglichen Schärfe.

Régis MARCON

[RESTAURANT RÉGIS ET JACQUES MARCON]***

FÜR 4 PERSONEN

ZUBEREITUNG: 2 ½ STUNDEN
RUHEZEIT: 12 STUNDEN + 2 STUNDEN
GARZEIT: 40 MINUTEN

FÜR DIE LINSENBRÖTCHEN

- 125 g Weizenmehl (Type 550)
- 2 g Salz
- 16 g frische Hefe
- 1 kg Weizenmehl (Type 812)
- 100 g Linsenmehl
- 100 g Roggenmehl (Type 1150)
- 17 g Guérande-Salz
- 80 g gekochte Linsensprossen (Le-Puy-Linsen 12 Stunden wässern, 4 Tage keimen lassen)

FÜR DIE LINSENTAPENADE

- 10 entsteinte schwarze Oliven
- 20 g Anchovis
- ¼ Knoblauchzehe
- 10 Kapern
- 100 g Linsenpüree
- Olivenöl
- Salz und frisch gemahlener Pfeffer

WEITERE ZUTATEN

- 400 g Wild- oder Biolachs
- 1 EL Pflanzenöl
- 2 EL Sojasauce
- 150 g Räucherlachs
- ½ Spitzkohl
- 1 Fenchelknolle
- 8 rote Radieschen

ZUSAMMENSTELLEN

- 8 Dillstängel
- 1 Handvoll Wildkräuter (Sauerklee, Saucrampfer u. Ä.)

FRISCHER BURGER

mit Lachs

Für die Brötchen aus Weizenmehl (Type 550), Salz, 1 g Hefe und 90 ml Wasser einen Vorteig ansetzen. Mindestens 12 Stunden im Kühlschrank ruhen lassen. Verschiedene Mehlsorten mischen und mit 680 ml zimmerwarmem Wasser verkneten. Den Teig 1 Stunde ruhen lassen.

Diesen Teig mit dem Vorteig und der restlichen Hefe 6 Minuten verkneten, das Guérande-Salz erst zugeben, wenn der Teig fast fertig ist. Dann die Linsensprossen einarbeiten, Teig nochmals gut durchkneten. 25 Minuten ruhen lassen, in acht Portionen teilen, gehen lassen, bis die Portionen das 1 ½-fache ihres Ausgangsvolumens erreicht haben. Im Brotbackofen bei 230 °C mit Schwadengabe oder im Etagenofen bei 250 °C 12–15 Minuten backen. Alternativ den normalen Ofen auf 230 °C vorheizen und die Brötchen mit einer Schale kochendem Wasser etwa 15 Minuten backen.

Für die Linsentapenade Oliven, Anchovis, Knoblauch und Kapern mixen. Linsenpüree und einen Schuss Olivenöl unterrühren. Mit Salz und Pfeffer abschmecken.

Lachs in 1,5 cm dicke Scheiben schneiden. In einer heißen Pfanne kurz anbraten, mit Sojasauce lackieren und beiseitestellen. Geräucherten Lachs in dünne Scheiben schneiden.

Spitzkohlblätter kurz blanchieren und in Eiswasser abschrecken. Die Blätter auf Küchenpapier zum Trocknen auslegen. Fenchel und Radieschen in feine Scheiben schneiden. Dillstängel ganz beiseitestellen.

Zusammenstellen

Brötchen aufschneiden. Untere Hälften dünn mit Linsentapenade bestreichen. Darauf zuerst ein Spitzkohlblatt, dann eine Scheibe lackierten Lachs und schließlich abwechselnd Räucherlachs, rohes Gemüse, Linsentapenade, Salat und Kräuter legen. Zum Schluss die Brötchendeckel auflegen, mit Wildkräutern garnieren. Dieser Burger schmeckt warm und kalt.

Eine Pilgerreise auf den Wegen von Le Puy. Der Weg führt mitten durch das Zentralmassiv, durch tiefe Wälder und über erloschene Vulkane. Wildkräuter sammeln, so wie sie am Wegrand auftauchen. Zusammen mit den Linsen bringen sie die Aromen der Auvergne zum Klingen.

Régis MARCON

[RESTAURANT RÉGIS ET JACQUES MARCON]***

FÜR 10 PERSONEN

ZUBEREITUNG: 2 ½ STUNDEN
MARINIEREN: 3 TAGE
RUHEZEIT: 1 ½ STUNDEN
GARZEIT: 2 + 3 + 6 STUNDEN

FÜR DEN KETCHUP

- 50 g Haselnüsse
- 3 Frühlingszwiebeln
- 1 rote Paprika
- ¼ Fenchelknolle
- 1 Ingwerscheibe
- ½ Knoblauchzehe
- 2 EL Olivenöl
- 130 g Pilze der Saison
- 6 konfierte Tomatenfilets
- 1 EL Apfelessig
- 1 Prise Piment d'Espelette
- 1 TL Honig
- Salz und gemahlener Pfeffer

FÜR DIE STEINPILZBRÖTCHEN

- 500 g Weizenmehl (Type 550)
- 10 g Salz
- 50 g Zucker
- 15 g frische Hefe
- 1 Ei
- 250 ml Milch
- 100 g Butter
- 40 g Steinpilzpulver

FÜR DAS TATAR

- 300 g Rinderfilet
- 15 g Kapern
- 20 g Cornichons
- 1 Bund Schnittlauch
- 10 g Petersilie
- 5 g Senf
- 15 g Worcestershiresauce
- 1 Spritzer Tabasco
- 1 EL Haselnussöl

FORST-BURGER

Ein paar Tage zuvor den Ketchup zubereiten. Haselnüsse rösten und klein hacken. Zwiebeln in feine Scheiben schneiden, Paprika und Fenchel würfeln, Ingwer und Knoblauch fein hacken, alles in heißem Olivenöl anbraten. Pilze klein schneiden, separat anbraten und zu dem anderen Gemüse geben. Konfierte Tomaten klein hacken und dazugeben. Mit einem Schuss Essig ablöschen, mit Salz und Piment d'Espelette abschmecken. Haselnüsse und Honig unterrühren, den Ketchup 2–3 Tage durchziehen lassen.

Für die Steinpilzbrötchen Mehl, Salz, Zucker und Hefe in der Rührschüssel einer Küchenmaschine mischen. Das Ei mit der Milch in einer separaten Schüssel verrühren und zum Mehl geben. Mit dem Knethaken 5 Minuten auf niedriger Stufe kneten, danach 5–6 Minuten auf höherer Stufe laufen lassen, bis der Teig sich von der Schüsselwand löst. Butter in kleinen Stücken sowie das Steinpilzpulver zugeben. Auf mittlerer Stufe kneten, bis der Teig sich erneut von der Schüsselwand löst.

Teig in einen sauberen Behälter umfüllen und 30 Minuten bei Zimmertemperatur gehen lassen. Teig gut durchkneten, dann etwa 1 Stunde kühl stellen. Ofen auf 180 °C vorheizen. Aus dem Teig zehn gleich große Kugeln formen. Auf ein Blech setzen und 12 Minuten backen.

Für das Tatar das Rinderfilet ca. 8–10 Minuten bei mildem Rauch in den Rauchschrank legen. Anschließend fein schneiden. Kapern und Cornichons ebenfalls fein schneiden. Schnittlauch und Petersilie hacken. Fleisch, Kapern, Cornichons, Senf, Worcestershiresauce, Tabasco, Haselnussöl, Schnittlauch und Petersilie mischen. Mit Salz und Pfeffer abschmecken.

[Fortsetzung auf S. 136]

Die Steinpilze befinden sich bei ihrer Verwandlung in einen kulinarischen Leckerbissen in bester Gesellschaft: Pfifferlinge verstärken das feine Pilzaroma. Für das zarte Rind ein idealer Begleiter …

Guy
MARTIN
[LE GRAND VÉFOUR]**

FÜR 10 PERSONEN

ZUBEREITUNG: 40 MINUTEN
MARINIEREN: 6 STUNDEN
RUHEZEIT: 1 STUNDE
GARZEIT: CA. 1 ½ STUNDEN

FÜR DEN TOFU
- 500 g fester Tofu
- 500 g Kichererbsen
- 1 Zwiebel
- 12 Basilikumblätter
- 3 TL gemahlener Kurkuma
- 3 Eier
- 70 g Bulgur, gekocht
- 3 EL Mehl
- 2 g Paprikapulver
- 30 ml Sojasauce
- 20 ml Olivenöl
- 15 ml Apfelessig
- Olivenöl zum Anbraten

FÜR DIE POLENTACHIPS
- 60 g Polenta
- 10 g Butter
- Salz

FÜR DIE AVOCADOCREME
- 150 g Avocadofruchtfleisch
- 1 TL Zitronensaft
- 3 Tropfen Tabasco

WEITERE ZUTATEN
- 100 g Sojasprossen
- 100 g Zuckerschoten
- 100 g gelbe Karotten
- 20 g marinierter rosa Ingwer (Gari Shoga)
- Salz und frisch gemahlener Pfeffer

ZUSAMMENSTELLEN
- 30 g Alfalfa (Luzerne)
- 100 g Mischsalat und -kräuter

VEGGIE-BURGER MIT TOFU
Bulgur, knackigem Gemüse und Ingwer

Die vegetarischen Steaks zubereiten. Dafür Tofu längs in 5 mm dicke Scheiben schneiden. Für die Marinade Kichererbsen, gehackte Zwiebel, Basilikum, Kurkuma, Eier, Bulgur, Mehl, Paprikapulver, Sojasauce, Olivenöl und Essig verrühren. Masse über den Tofu geben. Mindestens 6 Stunden im Kühlschrank ziehen lassen.

Anschließend 50 ml von der Marinade abnehmen und beiseitestellen. Die restliche Marinade mit dem Tofu im Mixer zerkleinern, aber nicht pürieren. Zehn Tortenringe (Ø 8 cm) in eine Grillpfanne mit Olivenöl setzen und die Masse auf die Ringe verteilen. Tofusteaks bei mittlerer Hitze von beiden Seiten braten. Aus der Pfanne nehmen und auf saugfähigem Papier beiseitestellen.

Für die Polentachips Polenta in einer Kasserolle anrösten. 300 ml Salzwasser angießen, 20 Minuten unter ständigem Rühren kochen. Ofen auf 80 °C vorheizen. Butter unter die Polenta ziehen. Dann die Masse auf ein Backpapier verteilen, mit einem zweiten Bogen Backpapier abdecken und so dünn wie möglich ausrollen. Im vorgeheizten Ofen 1 Stunde trocknen lassen.

Avocado schälen, den Kern entfernen. Fruchtfleisch 30 Sekunden in kochendem Salzwasser blanchieren, dann eiskalt abschrecken. Mit Zitronensaft, 1 EL Wasser und Tabasco im Mixer fein pürieren. Mit Salz und Pfeffer abschmecken.

Sojasprossen 30 Sekunden in kochendem Wasser blanchieren. Zuckerschoten schräg in drei Teile schneiden und 1 Minute in kochendem Wasser blanchieren. Karotte und Ingwer in feine Stifte schneiden. Alles zusammen in einer Schüssel mischen und mit der übrigen Tofumarinade würzen. Mit Salz und Pfeffer abschmecken.

Zusammenstellen

Polentaplatte in 20 Stücke brechen. Zehn Polentachips mit Avodadosauce bestreichen, darauf eine Schicht Gemüse, Alfalfasprossen und das Tofusteak legen. Darüber noch einmal Gemüse und Alfalfasprossen verteilen, zuletzt einen Polentachip auflegen. Mit gemischtem Salat servieren.

Tofu zergeht auf der Zunge. Im ausgelassenen Durcheinander der ein bisschen an Hexenkräuter erinnernden, würzigen Pflanzen bekommt der „Sojasprössling" neuen Schwung.

Flora MIKULA

[AUBERGE FLORA]

FÜR 4 PERSONEN

ZUBEREITUNG: 35 MINUTEN
GARZEIT: 10 MINUTEN

- 1 Rote Bete
- 1 rot-weiße Ringelbete (Chioggia)
- 20 g schwarze Oliven
- 20 g grüne Oliven
- 20 g Kapern
- 3 Basilikumblätter
- ½ konfierte Zitrone
- 240 g Lammhackfleisch
- 4 Mini-Burgerbrötchen
- 1 Kugel Burrata (ital. Frischkäse aus Kuhmilch)
- Piment d'Espelette, Salz
- Olivenöl zum Anbraten

LAMM-BURGER

mit gegrilltem Gemüse und Burrata

Beten schälen. Halbieren, dann in feine Scheiben (0,5 cm) schneiden. Auf der Grillplatte (oder in einer beschichteten Pfanne) mit einem Spritzer Olivenöl braten. Salzen.

Schwarze und grüne Oliven und die Kapern vierteln. Basilikumblätter fein schneiden. Schale der konfierten Zitrone klein hacken. Oliven, Kapern, Basilikum, Zitrone und Lammhackfleisch mischen. Mit Salz und Piment d'Espelette abschmecken.

Vier kleine Hacksteaks formen. In heißem Olivenöl rosa braten. Burrata-Kugel in vier Teile schneiden.

Zusammenstellen

Brötchen aufschneiden. Rote und rot-weiße Betescheiben im Wechsel rosettenförmig auf die unteren Brötchenhälften legen. Ein Stück Burrata darauflegen, in den Ofen schieben, bis der Käse geschmolzen ist. Dann die Lammsteaks auflegen.

Brötchendeckel im Ofen wärmen und aufsetzen.

★ **Mit hausgemachtem Ketchup und frittierten Kichererbsensticks servieren**

Zuerst kommt die knackige Rote Bete, purpur- und fuchsiarot. Dann der zart schmelzende Burrata mit cremigem Kern – einfach köstlich. Mit seinem charakteristischen Geschmack setzt das Lamm einen Schlussakkord, der lange nachklingt.

Flora
MIKULA
[AUBERGE FLORA]

FÜR 4 PERSONEN

ZUBEREITUNG: 1 STUNDE
GARZEIT: 20 MINUTEN

FÜR DEN THUNFISCH
- 200 g frischer weißer Thunfisch
- 250 ml Olivenöl
- 1 Bouquet garni
- 2 EL Basilikum-mayonnaise
- Saft von ½ Zitrone
- Piment d'Espelette, Salz
- 1 EL Sesam
- 1 EL Mohn

WEITERE ZUTATEN
- 4 Babyartischocken
- ½ rote Paprika
- ½ grüne Paprika
- 50 g grüne Bohnen, gekocht
- Saft von ½ Zitrone
- Olivenöl zum Anbraten

ZUSAMMENSTELLEN
- 4 Pan-Bagnat-Brötchen (große runde Weizenbrötchen)
- 200 g roten Thunfisch (Sushi-Qualität)
- 4 Anchovisfilets
- 8 Oliven (Taggiasche)
- 4 konfierte Tomaten
- 4 Wachteleier, hartgekocht
- 2 EL Pesto
- Salz

PAN-BAGNAT-BURGER

Den weißen Thunfisch in Olivenöl mit Bouquet garni und Knoblauch 30 Minuten bei milder Hitze konfieren. Abtropfen lassen und zerkleinern. Den abgekühlten Thunfisch unter die Basilikummayonnaise heben, mit Zitronensaft, Salz und Piment d'Espelette abschmecken.

Sesam- und Mohnsamen mischen. Den roten Thunfisch darin wenden, dann von beiden Seiten in einer beschichteten Pfanne anbraten. Mit Salz und Piment d'Espelette würzen, in schöne Scheiben (ca. 1 x 5 cm) schneiden.

Von den Babyartischocken die dicken, etwas härteren Blätter abziehen, Artischocken halbieren und in Olivenöl kurz anbraten, sodass sie knackig bleiben.

Paprika unter dem Ofengrill grillen. Häuten, innen putzen und in Streifen schneiden. Grüne Bohnen und Paprikastreifen mischen, mit Olivenöl, Zitronensaft und Salz abschmecken.

Zusammenstellen

Brötchen aufschneiden. Untere Hälften mit Thunfischmayonnaise bestreichen. Thunfisch in Scheiben schneiden. Bohnen und Paprika darauf verteilen und angebratenen und roten Thunfisch auflegen. Mit Artischocken, Anchovis, Oliven, konfierten Tomaten und hartgekochtem Wachtelei garnieren. Mit Pesto würzen, dann die Brötchendeckel auflegen.

Erinnerungen an die Pan-Bagnat am Strand mit den saftigen Tomatenscheiben, die fatalerweise meist im Sand landeten. Hier ist die Feinschmecker-Variante mit erlesenen Zutaten. Statt mit zerkleinertem Dosenthunfisch lockt dieses Brot mit saftigen frischen Thunfischmedaillons in einer Mohn-Sesam-Hülle.

Jean-Louis NOMICOS

[LES TABLETTES DE JEAN-LOUIS NOMICOS]*

FÜR 4 PERSONEN

ZUBEREITUNG: 45 MINUTEN
RUHEZEIT: 30 MINUTEN
GARZEIT: 40 MINUTEN

SABLÉ-BURGER

mit Artischocken und Bärlauch

FÜR DEN MÜRBTEIG

- 2 Majoranstängel
- 125 g Parmesan
- 125 g weiche Butter
- 100 g Weizenmehl (Type 405)
- 100 g Maisstärke

FÜR DIE ZUCCHINI-ARTISCHOCKEN-MISCHUNG

- 1 kg kleine Zucchini
- 2 Knoblauchzehen
- 1 weiße Zwiebel
- 500 ml Olivenöl
- 8 Babyartischocken
- Saft von 1 Zitrone
- 2 Zitronen-Basilikumstängel
- Salz und frisch gemahlener Pfeffer

WEITERE ZUTATEN

- 4 Zucchiniblüten
- 50 g Reismehl
- 1 Knoblauchzehe
- 100 g Piquillos (kleine rote Paprika aus Spanien)
- 150 g schwarze Oliven (Taggiasche)
- Frittieröl

ZUSAMMENSTELLEN

- 20 Bärlauchblüten

Für den Mürbteig Majoran von den Stängeln zupfen und fein hacken. Parmesan reiben und mit Butter verrühren. Mehl, Maisstärke und Majoran zugeben. Mit den Fingerspitzen zügig zu einem Teig verarbeiten. Teig ausrollen, Zwölf Teigtaler (½ cm dick) ausstechen, 30 Minuten kalt stellen. Ofen auf 180 °C vorheizen, Teigtaler 8 Minuten backen.

Zucchini schälen, Schalen beiseitestellen, Fruchtfleisch in feine Scheiben schneiden. Knoblauchzehen schälen, Keimling entfernen. Zwiebel fein hacken. Zucchinischalen mit Knoblauch und Zwiebel in etwas Olivenöl 10 Minuten anschwitzen, nicht länger, da das Gemüse sonst seine Farbe verliert. Mit Salz und Pfeffer abschmecken, mixen, abkühlen lassen.

Artischocken vorbereiten. Dazu den Stiel abschneiden. Artischocke mit den Blättern nach unten halten und die Blätter rundum vom Stil zur Blattspitze hin abschneiden, bis das Artischockenherz freigelegt ist. Mit Zitronensaft beträufeln, vierteln. Zurückhaltend mit Salz, Pfeffer und Basilikumblättern würzen. Zucchinischeiben dazugeben, mit Olivenöl bedecken und ziehen lassen.

Zucchiniblüten bereitstellen, Frittieröl auf 160 °C erhitzen. Reismehl mit 1 EL Wasser glatt rühren, Zucchiniblüten eintauchen und frittieren. Auf Küchenpapier abtropfen lassen.

Knoblauchzehe schälen, Keimling entfernen. Piquillos mit dem Knoblauch 10 Minuten bei mittlerer Hitze in Olivenöl braten. Zu einer Creme mixen und beiseitestellen. Oliven mit 2 EL Wasser mixen.

Zusammenstellen

Einen Teil der Zucchinischalen auf vier Sablés (Mürbteigtaler) verteilen. Mit Artischockenwürfeln und Zucchinischeiben belegen. Mit kleinen Tupfen Piquillo- und Olivenpüree garnieren, zum Schluss je eine frittierte Zucchiniblüte auflegen. Mit Bärlauchblüten garnieren, dann die übrigen Mürbteigtaler auflegen.

Bretagne trifft italienische Riviera. Typisch bretonische Mürbteigtaler werden hier mit knackigen rohen Artischocken und Zucchini belegt und geschmacklich mit dem süß-bitteren Aroma von Oliven direkt aus Ligurien abgerundet.

Gaël ORIEUX

[AUGUSTE] *

FÜR 4 PERSONEN

ZUBEREITUNG: 40 MINUTEN
GARZEIT: 1 ½ STUNDEN

FÜR DEN KIRSCHKETCHUP

- 30 entsteinte Schwarzkirschen
- 200 ml Rotwein
- 4 EL Ketchup
- 1 EL Apfelessig

FÜR DIE BUCHWEIZENCREME

- 500 g Sahne
- 100 g gerösteter Buchweizen zzgl. etwas zum Garnieren
- 7,6 g Blattgelatine
- Salz

FÜR DIE SEESPINNE

- 500 g küchenfertiges Seespinnenfleisch
- 2 TL Mayonnaise
- 1 TL frisch geriebener Meerrettich

- Kräuter zum Anrichten

BUCHWEIZEN-BURGER

mit Kirschketchup, Seespinne und Meerrettich

Kirschketchup vorbereiten. Dafür Kirschen mit Rotwein in einem Topf zum Kochen bringen. Eine Stunde köcheln lassen, nach Bedarf Wasser zugeben. Die weich gekochten Kirschen sehr fein mixen. Ketchup und Apfelessig unterrühren. In den Kühlschrank stellen.

Für die Buchweizensahne Sahne mit Buchweizen und 1 Prise Salz in einen Topf geben und 30 Minuten kochen. Durch ein feines Spitzsieb passieren. Gelatine in kaltes Wasser einweichen, gut ausdrücken und unterziehen. Aufschlagen, bis die Gelatine sich gelöst hat, anschließend im Kühlschrank fest werden lassen. Die feste Creme noch einmal mit einem Handschneebesen aufschlagen, dann in einen Spritzbeutel mit Tülle füllen.

Seespinnenfleisch in einer Schüssel mit Mayonnaise und Meerrettich mischen.

Zusammenstellen

Seespinnenfleisch auf einem Teller anrichten. Buchweizensahne mit dem Spritzbeutel aufspritzen, gerösteten Buchweizen darüberstreuen. Mit Kirschketchup und Kräutergarnitur servieren.

Als stünde die Pavlova-Torte meiner Kindheit vor mir … Aber nein, das hier ist ein geschickt inszeniertes Versteckspiel auf bretonischer Bühne. Eine Seespinne, die sich unter einer Wolke aus Buchweizensahne verbirgt, die hier die Rolle der Galette übernimmt.

Gaël ORIEUX
[AUGUSTE]*

FÜR 8 PERSONEN

ZUBEREITUNG: 40 MINUTEN
GARZEIT: 1 STUNDE 5 MINUTEN

BURGER
mit Comté und Parmesan, Wachtelei und süßsaurer Karottensauce

FÜR DIE BRÖTCHEN
- 100 ml Milch
- 180 g Butter
- 20 g Salz
- 375 g Weizenmehl (Type 405)
- 180 g reifer Comté
- 8 Eier
- 20 g reifer Parmesan

FÜR DIE KAROTTENSAUCE
- 200 ml weißer Balsamico
- 1 EL Zucker
- 500 ml Karottensaft
- 100 g Sahne
- 200 g Butter
- Salz und frisch gemahlener Pfeffer

ZUSAMMENSTELLEN
- 2 EL Traubenkernöl
- 8 Wachteleier
- 8 Cocktailtomaten
- 8 Frühlingszwiebeln
- frisch geriebener Parmesan
- Salz

In einem Topf 380 ml Wasser, Milch, Butter und Salz aufkochen. Mehl im Sturz dazugeben und mit einem Spatel unterrühren, bis der Teig sich ganz vom Topfboden und dem Spatel löst. Vom Herd nehmen, etwas abkühlen lassen. Den Comté reiben und mit den Eiern unterziehen. Abkühlen lassen.

Backofen auf 160 °C vorheizen. Teig in einen Spritzbeutel mit Tülle füllen, acht gleichmäßig große Kugeln auf ein Backblech spritzen. Den Parmesan reiben, auf die Kugeln streuen und 35 Minuten backen. Auf einem Gitter abkühlen lassen, dann aufschneiden.

Für die Karottensauce Balsamico mit Zucker in einem Topf aufkochen. Einkochen lassen, dann den Karottensaft zugießen. Noch einmal um die Hälfte reduzieren. Sahne zugießen, dann die Butter stückchenweise zugeben, mit dem Schneebesen kräftig schlagen, bis die Butter geschmolzen und vollständig mit der Sauce emulgiert ist. Mit Salz und Pfeffer abschmecken.

Zusammenstellen

Traubenkernöl mit einer Prise Salz in einer beschichteten Pfanne erhitzen. Die Wachteleier aufschlagen und bei niedriger Hitze braten. Von der Platte nehmen und mit einem Ausstecher gleichmäßig runde Spiegeleier ausstechen. Tomaten und Frühlingszwiebeln in feine Scheiben schneiden.

Untere Brötchenhälften mit Tomaten und Frühlingszwiebeln belegen. Ein Spiegelei daraufsetzen, den Brötchendeckel schräg anlegen. Mit Parmesan bestreuen und mit der Karottensauce servieren.

Wie eine frisch gepflückte Margerite wirkt das Wachtelei auf dem Parmesan-Windbeutel und sorgt für einen Moment prickelnden Zauderns: Eigelb schlürfen oder zulassen, dass es von der Gabel tropft?

Alain PASSARD

[ARPÈGE]***

FÜR 4 PERSONEN

ZUBEREITUNG: 25 MINUTEN
RUHEZEIT: ½ TAG + 1 ½ STUNDEN
GARZEIT: 30 MINUTEN

FÜR DIE BRÖTCHEN

- 50 ml Milch
- 250 ml Mineralwasser
- 8 g Trockenhefe
- 250 g Weizenmehl (Type 550)
- 5 g Fleur de Sel
- 8 g Zucker
- 25 g Butter
- 2 TL schwarze Sesamsamen

FÜR DIE GEMÜSESTEAKS

- 300–400 g gekochte Rote Bete
- 200 g gekochte rote Bohnen
- 1 rote Zwiebel
- 3 Estragonstängel
- 2 rote Basilikumstängel
- 1 TL frische Harissa
- 1 EL Ketchup
- 1 EL Worcestershiresauce
- 2 EL Buchweizenmehl
- 1 Ei
- Salz und gemahlener Pfeffer

WEITERE ZUTATEN

- 4 rote Frühlingszwiebeln
- 1 EL Olivenöl
- ¼ Rotkohl
- etwas Zitronensaft
- 8 rote Kartoffeln (Vitelotte)
- 500 ml Sonnenblumenöl

ZUSAMMENSTELLEN

- 1 EL Olivenöl
- 4 rote Radieschen
- 1 EL Senf mit Traubenmost
- 16 schwarze Johannisbeeren
- 50 g Gartenmelde- und Rote-Bete-Sprossen
- Schnittlauchblüten
- Salz und gemahlener Pfeffer

PURPUR-BURGER

vegetarisch

Für die Brötchen Milch, Wasser und Hefe in der Rührschüssel einer Küchenmaschine mischen, Mehl, Salz und Zucker dazugeben und mit einem Knethaken 3 Minuten auf niedriger Stufe zu einem Teig verarbeiten. Dann die Butter stückchenweise dazugeben. Weitere 10 Minuten auf niedriger Stufe kneten. Teig in einen sauberen Behälter umfüllen und 30 Minuten bei Zimmertemperatur gehen lassen. Danach den Teig mit der Hand gut durchkneten, um große Lufteinschlüsse zu vermeiden. 1 Stunde im Kühlschrank ruhen lassen.

Vier Kugeln à 50 g formen, mit schwarzem Sesam bestreuen und weitere 3–4 Stunden gehen lassen. Backofen auf 160 °C vorheizen, Teigkugeln auf ein Blech setzen, ein zweites Blech darauflegen. Zusammen in den Ofen schieben. Dampf zugeben (alternativ ein Schälchen mit kochendem Wasser dazustellen). Nach 15 Minuten das obere Blech entfernen, nochmals Dampf zugeben und weitere 10 Minuten backen. Das Blech drehen und noch einmal 10 Minuten backen. Brötchen aus dem Ofen nehmen und auf einem Gitter abkühlen lassen.

Für die Gemüsesteaks Rote Bete und Bohnen fein hacken. In einer Schüssel gut durchmischen. Zwiebel fein würfeln und dazugeben. Estragon und Basilikum von den Stängeln zupfen und fein wiegen. Mit Harissa, Ketchup, Worcestershiresauce, Buchweizenmehl und dem Ei dazugeben. Alles gut verkneten, abschmecken. Vier Kugeln à ca. 80 g formen, auf ein Backpapier setzen. Kugeln zu Steaks formen. Kühl stellen.

Die Frühlingszwiebeln der Länge nach halbieren, in der Pfanne in etwas Öl Farbe annehmen lassen. Rotkohl klein schneiden. Mit Olivenöl und einem Spritzer Zitronensaft würzen. Kartoffeln unter fließendem Wasser sauber bürsten. In feine Scheiben schneiden. In heißem Sonnenblumenöl kross frittieren.

Zusammenstellen

Olivenöl in eine beschichtete Pfanne geben. Die Gemüsesteaks bei moderater Hitze von jeder Seite etwa 8 Minuten braten.

Brötchen aufschneiden. Unter dem Backofengrill leicht toasten.

Radieschen in Scheiben schneiden. Brötchenböden zuerst dünn mit rotem Senf bestreichen, dann mit fein geschnittenem Rotkohl, Gemüsesteaks und Radieschenscheiben belegen. Zum Schluss die Brötchendeckel auflegen. Mit karamellisierten Frühlingszwiebeln, halbierten schwarzen Johannisbeeren, frittierten Kartoffelscheiben, roten Sprossen und Schnittlauchblüten servieren.

Grünes Gemüse wäre einfach zu gewöhnlich. Dieser vegetarische Burger hüllt sich in ganz Purpur und kombiniert Chili mit Roter Bete. Grandios.

Alain PASSARD

[ARPÈGE]***

FÜR 4 PERSONEN

ZUBEREITUNG: 25 MINUTEN
RUHEZEIT: ½ TAG + 1 ½ STUNDEN
GARZEIT: 1 STUNDE

FÜR DIE SAFRANBRÖTCHEN

- 50 ml Milch
- 250 ml Mineralwasser
- 250 g Weizenmehl (Type 550)
- 8 g Trockenhefe
- 5 g Fleur de Sel
- 8 g Zucker
- 2 Msp. Safran
- 25 g Butter
- 2 TL weiße Sesamsamen

FÜR DEN GELBEN KETCHUP

- 6 gelbe Tomaten
- 2 mittelgroße gelbe Karotten
- 1 Gelbe Bete (Ø 5 cm)
- Kurkuma, Safran, Salz

FÜR DIE VEGETARISCHEN STEAKS

- 2 mittelgroße gelbe Karotten
- 1 gelbe Zwiebel
- 10 g gesalzene Butter
- 100 g Linsen
- 300 ml Gemüsebrühe
- je 1 Prise Safran und Kurkuma
- 1 Eigelb
- Butter

ZUSAMMENSTELLEN

- 1 Frisée
- 1 Spitzkohlherz (Frühlingskohl)
- gelbe Tomatenscheiben
- gelbes Currypulver
- essbare gelbe Blüten
- Salz und frisch gemahlener Pfeffer

GELBER BURGER

vegetarisch

Für die Brötchen Milch, Wasser und Hefe in einer Rührschüssel mischen, Mehl, Salz, Zucker und Safran dazugeben und mit dem Knethaken 2 Minuten auf niedriger Stufe zu einem Teig verarbeiten. Dann die Butter stückchenweise dazugeben. Weitere 10 Minuten auf niedriger Stufe zu einem glatten Teig kneten. Teig in einen sauberen Behälter umfüllen und 30 Minuten bei Zimmertemperatur gehen lassen. Danach den Teig mit der Hand gut durchkneten, um große Lufteinschlüsse zu vermeiden. 1 Stunde im Kühlschrank ruhen lassen.

Vier Kugeln à 50 g formen, mit Sesam bestreuen und weitere 3–4 Stunden gehen lassen. Backofen auf 160 °C vorheizen, Teigkugeln auf ein Blech setzen, ein zweites Blech darauflegen. Zusammen in den Ofen schieben. Dampf zugeben (alternativ ein Schälchen mit kochendem Wasser dazustellen). Nach 15 Minuten das obere Blech entfernen, nochmals Dampf zugeben und weitere 10 Minuten backen. Das Blech drehen und noch einmal 10 Minuten backen. Brötchen aus dem Ofen nehmen und auf einem Gitter abkühlen lassen.

Aus den gelben Tomaten ein sämiges Tomatenconcassée herstellen. Karotten und Gelbe Bete fein würfeln und zugeben. Alles fein mixen, bis die Masse die Konsistenz von Ketchup hat. Mit Kurkuma, Safran und Salz vorsichtig abschmecken. Beiseitestellen.

Für die vegetarischen Steaks Karotten und die Zwiebel fein würfeln. In einer Pfanne mit gesalzener Butter 2 Minuten anschwitzen. Linsen zugeben und 1 Minute weiterschwitzen. Gemüsebrühe angießen, sodass die Zutaten knapp bedeckt sind, Safran und Kurkuma hinzugeben. Auf kleiner Flamme weitergaren, bis das Wasser verdunstet ist, vom Herd nehmen und auskühlen lassen. Anschließend mit der Gabel zerdrücken, mit einem Eigelb und 1 EL des gelben Ketchups binden. Vier Kugeln formen, flach drücken, bis die Steaks denselben Durchmesser haben wie die Brötchen. In einer beschichteten Pfanne mit etwas Butter vorsichtig braten.

Zusammenstellen

Brötchen aufschneiden. Unter dem Backofengrill leicht toasten. Frisée würzen, Spitzkohlblätter kurz blanchieren, dann kalt abschrecken.

Brötchenböden mit gelbem Ketchup bestreichen, dann zuerst Tomatenscheiben, Frisée und Kohlblätter und schließlich das Gemüsesteak auflegen. Darauf noch einmal gelben Ketchup, Frisée, Tomatenscheiben, Kohlblätter und Ketchup geben und zum Schluss die Brötchendeckel auflegen. Mit etwas Currypulver bestreuen und gelben Blüten servieren.

Ganz in Ockergelb strahlt dieser Burger etwas Festliches aus, wie ein indischer Sari. Gelbe Bete als hauchdünne Spaghetti, süßer Spitzkohl in feinen, gedrehten Bändern. Und als besondere Zierde eine Kapuzinerkresseblüte mit feiner pfeffriger Note.

Stéphane & Antoine RAIMBAULT

[L'OASIS RAIMBAULT] **

FÜR 4 PERSONEN

ZUBEREITUNG: 1 ½ STUNDEN
RUHEZEIT: 1 STUNDE
GARZEIT: 20 MINUTEN

FÜR DIE FOCACCIA

- 3 g frischer Rosmarin zzgl. etwas zum Garnieren
- 500 g Weizenmehl (Type 405)
- 170 g Kartoffelpüree
- 75 g Olivenöl
- 2 TL Salz
- 1 TL Zucker
- 15 g Trockenhefe
- 25 g Tomatenpulver
- 2 Knoblauchzehen
- schwarze Pfefferkörner
- Fleur de Sel

WEITERE ZUTATEN

- 240 g weiße Zwiebel
- Thymianblüten
- 10 g Olivenpaste
- 320 g Gelbflossenthun-Filet
- 1 Ei
- 1 EL geriebenes Weißbrot ohne Rinde
- Basilikumblätter
- 1 Endiviensalat
- 1 Friséesalat
- 1 Romanasalat
- 1 Radicchio (Rosso di Treviso)
- 1 Paprika
- 2 kleine Landgurken
- 1 Bund Radieschen
- 2 Stangen Staudensellerie
- 1 Bund Frühlingszwiebeln
- 60 g Thunfisch in Öl eingelegt
- Salz und frisch gemahlener Pfeffer

BURGER NIÇOISE

Für die Focaccia Rosmarin sehr fein hacken, mit Mehl, Kartoffelpüree, Olivenöl, Salz und Zucker in der Rührschüssel einer Küchenmaschine mischen. Hefe und Tomatenpulver in 250 ml Wasser auflösen und hinzufügen. Auf niedrigster Stufe 8 Minuten kneten. Bei Zimmertemperatur 1 Stunde ruhen lassen. Teig danach von Hand durchkneten, anschließend mit einem Rollholz 6–7 mm dick ausrollen.

Mit einem Ausstecher (Ø 10 cm) vier Scheiben ausstechen. Ofen auf 220 °C vorheizen. Teigscheiben in Tortenringe (Ø 10 cm) legen, mit Olivenöl bestreichen. Knoblauch fein hacken und mit Fleur de Sel, zerstoßenem Rosmarin und Pfeffer darüberstreuen. Im vorgeheizten Ofen ca. 15 Minuten backen.

In der Zwischenzeit die weiße Zwiebel klein schneiden, mit Thymianblüten anschwitzen. Olivenpaste zugeben, mit Salz und Pfeffer abschmecken.

Den frischen Thunfisch mit dem Messer sehr fein schneiden, mit Ei, Weißbrotbröseln und Basilikum mischen. Mit Salz und Pfeffer abschmecken. Vier Thunfisch-Hacksteaks (Ø 9 cm) formen.

Salate waschen und klein zupfen. Rohkost in feine Scheiben bzw. Streifen schneiden. Den in Öl eingelegten Thunfisch abtropfen lassen, Thunfisch und Bottarga fein würfeln.

[Fortsetzung auf S. 164]

Oliven und Anchovis hüllen den Thunfisch vornehm in schwarzen Glanz. Vollmundiger Geschmack, rassige Aromen, mit einem Wort: der Süden.

Michel ROSTANG
& Nicolas BEAUMANN
[MICHEL ROSTANG]**

FÜR 4 PERSONEN

ZUBEREITUNG: 1 STUNDE
RUHEZEIT: 1 STUNDE
GARZEIT: 3 1/2 STUNDEN

FÜR DIE LAMMROULADE

- 1 Schulter vom Milchlamm (Lozère- oder Aveyron-Lamm)
- 500 g grobes Salz
- 200 ml Olivenöl
- 100 g Karotten
- 100 g Zwiebeln
- 1 Knoblauchzehen
- 1 Thymianzweig
- 1 Lorbeerblatt
- 100 g Butter
- 20 g konfierte Tomaten
- 10 g konfierte Salzzitronen (Citrons confits de Menton, alternativ s. S. 86)
- 20 g schwarze Oliven (Taggiasche)
- 200 g gepfefferter Schweinebauch

FÜR DEN STEINPILZKETCHUP

- 4 mittelgroße Steinpilze
- 20 g Butter
- 100 ml Weißwein
- 8 g Tomatenmark

WEITERE ZUTATEN

- 100 g rote Paprika
- 100 g Zucchini
- 1 Thymianzweig
- 1 Knoblauchzehen
- 100 ml Olivenöl

ZUSAMMENSTELLEN

- 8 Brötchen mit Fenchel- und Sesamsamen
- etwas Friséesalat
- 10 g wilder Rucola
- 20 g Parmesankäse

BURGER VON DER GRÜNEN WIESE

Für die Lammroulade die Lammschulter rundum mit grobem Salz einreiben und 1 Stunde ruhen lassen. Danach das Salz komplett entfernen und das Fleisch in einem großen Schmortopf in heißem Olivenöl rundum kräftig anbraten. Herausnehmen, Karotten, Zwiebeln, Knoblauch, Thymian und Lorbeerblatt in den Topf geben, Butter zugeben. Wenn die Butter geschmolzen ist, die Lammschulter auf das Gemüse legen und im geschlossenen Topf 3 Stunden konfieren.

Herausnehmen, abtropfen lassen, in einer großen Schüssel zerkleinern. Konfierte Tomaten, konfierte Salzzitrone und klein gewürfelte Oliven hinzufügen, mischen. Die Mischung auf Frischhaltefolie geben und zu einer festen Roulade rollen. In den Kühlschrank legen, 1 Stunde fest werden lassen.

Anschließend Folie abziehen. Den gepfefferten Schweinebauch in dünne Scheiben schneiden. Dicht nebeneinander auf ein großes Stück frischer Folie legen. Lammroulade darauflegen, mit den Bauchstreifen aufrollen. Erneut in den Kühlschrank legen und fest werden lassen. Dann acht Scheiben (3 cm dick) abschneiden.

Für den Steinpilzketchup die Pilze putzen. Dann mit einem Ausstecher (Ø 3 cm) Scheiben aus den Köpfen ausstechen und beiseitestellen. Den Rest der Pilze klein scheiden, in Butter anbraten, mit Weißwein ablöschen, etwas einkochen lassen, dann Tomatenmark zugeben. Noch 10 Minuten weiter garen, dann mixen.

Rote Paprika in Ringe, Zucchini in dünne Scheiben schneiden, mit Thymian und Knoblauch in Olivenöl 10 Minuten sanft garen. Abtropfen lassen und beiseitestellen.

Zusammenstellen

Ofen auf 180 °C vorheizen. Aus den Brötchendeckeln mit einem Ausstecher (Ø 3 cm) jeweils in der Mitte eine Scheibe ausstechen. Lammroulade in der Pfanne auf beiden Seiten anbraten, danach noch 5 Minuten im heißen Ofen fertig garen. Steinpilzscheiben in der Pfanne anbraten.

Auf acht Brötchenhälften zuerst eine Lage Steinpilzketchup streichen, dann je eine Scheibe Lammroulade daraufsetzen. Bei vier Brötchen eine Rosette aus Paprikaringen und Zucchinischeiben auf das Fleisch legen und mit einem kleinen Brötchendeckel abschließen. Bei den übrigen vier Brötchen je eine Garnitur aus gemischtem Salat mit einem Steinpilzkopf auf das Fleisch legen. Mit einem Ring aus frisch geriebenem Parmesan dekorieren. Vor dem Servieren 3 Minuten im 180 °C heißen Ofen erwärmen.

Das etwas andere Lamm. Es wächst bei der Mutter auf und wird bis zum letzten Tag von ihr gesäugt. Kennern ist das Aveyron-Milchlamm ein Begriff. In einer Hülle aus Bauchspeck schonend gegart, entfaltet es sein ganzes Aroma. Und versetzt unsere Gaumen in Entzücken.

Reine SAMMUT

[AUBERGE LA FENIÈRE]*

FÜR 6 PERSONEN

ZUBEREITUNG: 2 STUNDEN
RUHEZEIT: 2 STUNDEN
GARZEIT: 17 MINUTEN

FÜR DIE BRÖTCHEN

- 350 g Weizenmehl (Type 550)
- 10 g Zucker
- 1 TL Salz
- 10 g Trockenhefe
- 200 ml Milch zzgl. etwas zum Bestreichen
- 15 g Butter
- 100 ml Olivenöl
- 1 Ei
- 1 EL Fenchelsamen

WEITERE ZUTATEN

- 6 Rotbarben aus dem Mittelmeer (à 180 g)
- 90 g Queller
- 150 ml Olivenöl

ZUSAMMENSTELLEN

- 18 konfierte Tomatenfilets
- 60 g Bottarga
- etwas Olivenöl
- ein paar Stängel wilder Fenchel
- Kapuzinerkresse- und Borretschblüten
- Fleur de Sel
- weißer Sawarak-Pfeffer

BURGER

mit Rotbarbe, Bottarga und Queller

Für den Brötchenteig Mehl, Zucker, Salz und Hefe mischen. In das Mehl eine Vertiefung drücken, Milch, geschmolzene warme Butter, Olivenöl und das Ei hineingeben. Zu einem glatten Teig kneten. Teig in eine Schüssel legen, mit einem Geschirrtuch abdecken und 1 ½ Stunden bei Zimmertemperatur gehen lassen.

Wenn der Teig sein Ausgangsvolumen verdoppelt hat, nochmals kneten, zu einer Kugel formen und in sechs Portionen teilen. Ausrollen, Rauten ausschneiden und auf ein mit Backpapier ausgelegtes Backblech setzen. Noch einmal 30 Minuten gehen lassen. Ofen auf 180 °C vorheizen. Oberseite mit Milch bestreichen und mit Fenchelsamen bestreuen. Im vorgeheizten Ofen 15 Minuten backen.

Rotbarben filetieren. Salzen und pfeffern. Queller sortieren, nur die kleinen Triebe zurückbehalten. In kochendem Wasser blanchieren und sofort eiskalt abschrecken. Abtropfen lassen, zum Trocknen auf ein Küchenpapier legen. Rotbarbenfilets auf der Hautseite 2 Minuten braten.

Zusammenstellen

Brötchen aufschneiden, die unteren Hälften mit je drei Tomatenspalten und zwei Rotbarbenfilets belegen. Fisch mit Queller und Bottarga-Scheibchen garnieren. Mit 1 Spritzer Olivenöl würzen, ein paar Fenchelspitzen darüberstreuen und mit Blüten verzieren. Zum Schluss die Brötchendeckel quer auflegen.

Manches war nicht dazu bestimmt, je miteinander in Berührung zu kommen. Rotbarbe und Meeräschenrogen. Hier liegen sie dicht an dicht. Das Auge nimmt sofort ihre korallenrote Farbe wahr. Auf der Zunge entfaltet sich der würzig-kräftige Geschmack des Rogens.

Guy SAVOY

[RESTAURANT GUY SAVOY]***

FÜR 4 PERSONEN

ZUBEREITUNG: 45 MINUTEN
RUHEZEIT: 2 STUNDEN
GARZEIT: 30 MINUTEN

FÜR DIE NORI-ZITRONEN-BRÖTCHEN

- 250 ml Milch zzgl. etwas zum Bestreichen
- 8 g frische Hefe
- 10 g Zucker
- 400 g Weizenmehl (Type 405)
- 8 g Salz
- 1 Ei
- 40 g Butter
- Zesten von 1 Zitrone
- 20 g Noriflocken
- 1 Eigelb
- Salz

FÜR DIE LAMMHACKSTEAKS

- 600 g Lammhackfleisch
- 1 Ei
- Salz und frisch gemahlener Pfeffer

FÜR DIE KNOBLAUCH-MAYONNAISE

- 20 ml Weinessig
- 30 g Senf
- 1 schwarze Knoblauchzehe
- 1 Eigelb
- 200 ml Traubenkernöl
- Salz

WEITERE ZUTATEN

- 2 lange, dünne Auberginen
- 50 ml Olivenöl
- 1 Schalotte
- ½ Bund glatte Petersilie
- 12 Schwertmuscheln
- 40 g Butter

ZUSAMMENSTELLEN

- braune Butter
- 100 g Queller

BURGER „ERDE – MEER"

Für die Brötchen Milch erwärmen und mit Hefe und Zucker vermengen. Mit Mehl, Salz und Ei in die Rührschüssel einer Küchenmaschine geben, 2–3 Minuten auf niedriger Stufe rühren, dann die Geschwindigkeit erhöhen und weitere 8 Minuten rühren, dabei nach und nach Butter, Zitronenzesten und Noriflocken zugeben.

Schüssel mit einem feuchten Tuch abdecken und den Teig 1 Stunde gehen lassen. Danach den Teig durchkneten, vier längliche Brötchen à 130 g formen, diese auf ein leicht bemehltes Backblech setzen und noch einmal 1 Stunde gehen lassen. Ofen auf 200 °C vorheizen. Das Eigelb mit 2 TL Milch und einer Prise Salz verrühren und die Oberseiten der Brötchen damit einpinseln. 15 Minuten backen.

Lammhackfleisch mit einem Ei binden, mit Salz und Pfeffer abschmecken. 12 Minihacksteaks formen, kalt stellen.

Für die Mayonnaise Essig, Senf, Salz und die zerdrückte schwarze Knoblauchzehe in einer kleinen Schüssel mit dem Schneebesen verrühren, Eigelb unterziehen. Dann unter ständigem Schlagen mit dem Schneebesen das Öl einarbeiten. Wenn die gesamte Ölmenge verarbeitet ist, 5 Minuten weiterschlagen, damit die Mayonnaise sich verfestigt.

Auberginen in dünne Scheiben schneiden. In einer Pfanne mit Olivenöl kräftig anbraten, salzen, pfeffern, beiseitestellen. Schalotte und Petersilie fein hacken.

Schwertmuscheln in einem Topf mit wenig Wasser dämpfen, bis die Muscheln sich weit geöffnet haben. Geschlossene oder nicht ganz geöffnete Muscheln wegwerfen.

Das Muschelfleisch auslösen und in 1 cm lange Stückchen schneiden. In einem Topf Butter zerlassen und langsam bräunen. Muschelfleisch in brauner Butter schwenken, Schalotte und Petersilie zugeben und kurz mitschmoren, dann alles zusammen auf einen Teller geben und beiseitestellen.

Zusammenstellen

Hacksteaks in brauner Butter braten, beiseitestellen. Burgerbrötchen der Länge nach halbieren, unter dem Grill leicht anrösten. Beide Hälften mit Mayonnaise bestreichen, ein paar junge Quellertriebe darauf verteilen. Auf die Brötchenböden zuerst drei Hacksteaks, auf die Hacksteaks dann Auberginenscheiben und Schwertmuschelfleisch legen. Brötchendeckel auflegen.

Abenddämmerung. An den Strand gespülte Schwertmuscheln. Eine kühne Kombination aus schwarzem Knoblauch, Lamm, Alge und Zitrone. Aromen des Sommers und der Vergänglichkeit ...

Guy SAVOY

[RESTAURANT GUY SAVOY]***

FÜR 4 PERSONEN

ZUBEREITUNG: 30 MINUTEN
RUHEZEIT: 2 STUNDEN
GARZEIT: 20 MINUTEN

FÜR DIE TOMATEN-BASILIKUM-BRÖTCHEN

- 250 ml Milch zzgl. etwas zum Bestreichen
- 8 g frische Hefe
- 10 g Zucker
- 400 g Weizenmehl (Type 405)
- 8 g Salz
- 1 Ei
- 40 g Butter
- 8 konfierte Tomatenfilets
- 1 Bund Basilikum
- 1 Eigelb
- Salz

FÜR DIE ESTRAGON-MAYONNAISE

- 1 Bund Estragon
- 200 ml Traubenkernöl
- 20 ml Weinessig
- 30 g Senf
- 1 Eigelb
- Salz

WEITERE ZUTATEN

- 2 große Ananastomaten
- 4 Prisen grobes Guérande-Salz
- 100 ml natives Olivenöl
- 3 Thymianstängel
- 1 Sainte-Maure de Touraine (Ziegenkäse)
- 2 grüne Tomaten (Green Zebra)
- 1 süße Zwiebel (Cèbe de Lézignan)
- 12 konfierte Tomatenfilets
- Salz

TOMATEN-BURGER

Für die Brötchen Milch erwärmen und mit Hefe und Zucker vermengen. Mit Mehl, Salz und Ei in die Rührschüssel einer Küchenmaschine geben, 2–3 Minuten auf niedriger Stufe rühren, dann die Geschwindigkeit erhöhen und weitere 8 Minuten rühren, dabei nach und nach Butter, konfierte Tomaten und gehacktes Basilikum zugeben.

Schüssel mit einem feuchten Tuch abdecken und den Teig 1 Stunde gehen lassen. Danach den Teig durchkneten, vier Kugeln à 130 g formen, diese auf ein leicht bemehltes Backblech setzen und noch einmal 1 Stunde gehen lassen. Ofen auf 200 °C vorheizen. Das Eigelb mit 2 TL Milch und einer Prise Salz verrühren und die Oberseiten der Brötchen damit einpinseln. 15 Minuten backen.

Für die Mayonnaise zuerst die Estragonblättchen von den Stängeln zupfen. In einer kleinen Pfanne 50 ml Traubenkernöl erhitzen. Estragonblätter in das heiße Öl geben, Pfanne von der Platte nehmen, Blätter 30 Sekunden frittieren. Dann die Blätter mit dem restlichen Öl in einen Mixbecher geben, fein mixen und durch ein feines Sieb filtern.

Essig, Senf und Salz in einer kleinen Schüssel mit dem Schneebesen verrühren, Eigelb unterziehen. Dann unter ständigem Schlagen mit dem Schneebesen das Estragonöl einarbeiten. Wenn die gesamte Ölmenge verarbeitet ist, 5 Minuten weiterschlagen, damit die Mayonnaise sich verfestigt. Kühl stellen.

Aus den beiden Ananastomaten je zwei dicke Scheiben (2 cm) schneiden, auf beiden Seiten mit grobem Salz bestreuen, 1 Stunde ausweinen lassen, danach mit Olivenöl und Thymian 30 Minuten marinieren.

Währenddessen den Sainte-Maure in 1 cm große Würfel schneiden. Grüne Tomaten und süße Zwiebel in dünne Scheiben schneiden. Ananastomatenscheiben abtropfen lassen, mit einem Ausstecher auf die Größe der Brötchen zuschneiden. Dann in einer beschichteten Pfanne auf beiden Seiten kräftig anbraten, bis sie etwas Farbe annehmen.

Zusammenstellen

Brötchen aufschneiden, auf beiden Seiten unter dem Backofengrill toasten. Vier Hälften mit Estragon-Mayonnaise bestreichen. Auf die Mayonnaise zuerst je eine grüne Tomatenscheibe, dann Zwiebelringe, Ananastomatenscheiben und schließlich konfierte Tomaten legen. Die oberen Hälften mit Estragonmayonnaise bestreichen und mit Sainte-Maure-Würfeln garnieren. Zum Schluss die Deckel aufsetzen.

Ziegenkäse und Estragon, dann Tomaten in leuchtenden Sommerfarben, Olivenöl auf ihrer Haut, Granatapfelrot und Minzegrün. Mittag, unter der Sonne des Südens

Guillaume SOURRIEU

[L'ÉPUISETTE]*

FÜR 2 PERSONEN

ZUBEREITUNG: 30 MINUTEN
GARZEIT: 40 MINUTEN

- 1 TL Himbeeressig
- 1 Prise Zucker
- 150 g Himbeeren
- 2 Thunfischscheiben (à 80 g)
- 2 Scheiben frische Foie gras
- 100 g Pastinake
- 50 g rot-weiße Ringelbete (Chioggia)
- 50 g Helianthi Blauauge (mit Topinambur verwandtes Rhizom, auch amerikanische Schwarzwurzel genannt)
- 2 Burgerbrötchen
- grobes Salz

BURGER „TONNO ALLA ROSSINI"

mit vergessenen Gemüsen

Für die Himbeer-Vinaigrette Essig, Zucker und Himbeeren in einem Topf aufkochen und ca. 20 Minuten köcheln lassen. Abkühlen lassen, dann mixen.

Aus jeder Thunfischscheibe mit einem Ausstecher (Ø 8 cm) eine Scheibe ausstechen. Von beiden Seiten grillen, mit grobem Salz würzen.

Die beiden Foie-gras-Scheiben in der Pfanne braten. Herausnehmen, abtropfen lassen. Gemüse roh in sehr feine Streifen schneiden.

Zusammenstellen

Brötchen aufschneiden. Auf die unteren Hälften zuerst die Gemüsestreifen, dann das Thunfischsteak und zuletzt die Foie gras legen. Mit Himbeer-Vinaigrette würzen, dann die Brötchendeckel auflegen.

Das Tournedos wäre vermutlich nicht erfunden worden, wenn der Komponist des Barbiers von Sevilla nicht so ein einfallsreicher Feinschmecker gewesen wäre! Nach einem Abstecher ans Meer präsentiert sich der Klassiker hier in einer neuen Variante, begleitet von Pastinake, Helianthi und anderen vergessenen Gemüsen.

Jean-Luc TARTARIN

[RESTAURANT JEAN-LUC TARTARIN]**

FÜR 4 PERSONEN

ZUBEREITUNG: 30 MINUTEN
GARZEIT: 2 MINUTEN

- 4 Austern (Nr. 2, aus Blainville/Normandie)
- 120 g Enten-Foie-gras
- 100 g Ravioliteig oder 8 Gyoza-Teigblätter
- 250 ml heller, reduzierter Geflügelfond
- 15 g Ingwer
- 100 g Sahne
- 1 TL Limettensaft
- 1 weich gekochtes Ei
- 8 schöne, feste Steinpilze
- 1 Msp. geriebener Knoblauch
- Fleur de Sel
- Sawarak-Pfeffer

STEINPILZ-BURGER

mit Foie-gras-Ravioli, Austern und Ingweremulsion

Austern öffnen, Austernwasser auffangen und beiseitestellen, Austern herauslösen. Schalen waschen, auf Küchenpapier abtropfen lassen.

Foie gras in vier Scheiben (2 mm dick) schneiden, mit Sawarak-Pfeffer würzen. Das Fett aufheben.

Je eine Auster vorsichtig in eine Scheibe Foie gras hüllen, Foie gras dabei wie eine Tasche um die Auster legen. Kalt stellen.

Für die Ravioli den Teig so dünn wie möglich ausrollen. Gefüllte Foie-gras-Taschen im Abstand von 15 cm auf den ausgerollten Teig setzen, den Teig rund um die Taschen mit einem Pinsel befeuchten.

Eine weitere Lage Teig dünn ausrollen und darüberlegen. Obere und untere Teiglage rund um die Foie gras festdrücken. Mit einem Ausstecher mit gewelltem Rand die Ravioli ausschneiden, aber an ihrem Platz belassen.

Für die Ingweremulsion in einem Topf den bereits reduzierten Geflügelfond erhitzen, klein gehackten Ingwer und Sahne hinzufügen und unter ständigem Rühren sämig einkochen. Austern- und Limettensaft zugeben. In den Mixbecher füllen, das weich gekochte Ei zugeben, im Wasserbad zum Warmhalten beiseitestellen.

Steinpilze vorsichtig säubern. Vier schöne Köpfe beiseitestellen, den Rest in Scheiben schneiden. 1 TL des beiseitegestellten Entenfetts in einer Pfanne erhitzen, Steinpilzscheiben kurz darin anbraten. Mit Salz und Pfeffer würzen und mit geriebenen Knoblauchs abrunden. Auf saugfähigem Papier abtropfen lassen.

Zusammenstellen

Einen Ausstecher oder Tortenring (Ø 6 cm) in die Mitte eines vorgewärmten tiefen Tellers setzen. Die Steinpilzscheiben rosettenförmig darin anordnen. Ravioli 2 Minuten in Salzwasser kochen. Herausnehmen, abtropfen lassen und auf die Steinpilzrosetten setzen. Erst jetzt die Sauce im Mixer emulgieren. Über die Ravioli ziehen. Einen gegrillten Steinpilzkopf daraufsetzen. Sofort servieren.

Wie könnte man die Verbindung von Erde und Meer schöner zelebrieren als mit zart schmelzender Foie gras, überraschend sich offenbarender Auster und der raffinierten Variation von rohem und gegrilltem königlichen Steinpilz.

David TOUTAIN

[RESTAURANT DAVID TOUTAIN]

FÜR 8 PERSONEN

ZUBEREITUNG: 5 STUNDEN
RUHEZEIT: 3 STUNDEN 5 MINUTEN
GARZEIT: 20 MINUTEN

FÜR DIE BRÖTCHEN

- 20 g frische Hefe
- 500 g Weizenmehl (Type 405)
- 25 g brauner Zucker
- 1 Ei
- 8 g Salz
- 50 g weiche Butter
- Milch zum Bestreichen

FÜR DEN KETCHUP

- 135 g Zucker
- 400 ml Essig
- 1 kg Tomatenconcassée
- 330 g Tomatenmark
- 1 Msp. Cayennepfeffer
- 33 g Senf

FÜR DIE PATTYS

- 800 g Rumpsteak
- 1 EL Haselnussöl
- 1 Prise Salz

WEITERE ZUTATEN

- 16 Himbeeren
- 8 Macadamianüsse
- 4 Tomaten
- 32 Essigzwiebeln
- 24 junge Spinatblätter
- 8 dünne Parmesanscheiben

BEEFBURGER
Himbeer-Macadamia

Für den Brotteig 200 ml Wasser erwärmen und die Hefe darin auflösen, dann die anderen Zutaten, bis auf die Butter, zugeben. In einer Küchenmaschine 10 Minuten kneten. Anhalten, weiche Butter zugeben, 10 Minuten weiterkneten. Teig 2 Stunden bei Zimmertemperatur gehen lassen.

Wenn der Teig sein Ausgangsvolumen verdoppelt hat, in acht Portionen teilen, mit einem Geschirrtuch abdecken und nochmals 5 Minuten gehen lassen. Kugeln formen, 1 Stunde an der Luft ruhen lassen. Ofen auf 200 °C vorheizen. Teigkugeln mit Milch einpinseln, 20 Minuten im vorgeheizten Ofen backen. Herausnehmen, abkühlen lassen, Brötchenböden abschneiden und beiseitestellen. Die Brötchendeckel mit einem Ausstecher (Ø 5 cm) tief einstechen und zylinderförmig aushöhlen.

Für den Ketchup einen Karamell aus Zucker und Essig herstellen. Tomatenconcassée, Tomatenmark und Cayennepfeffer zugeben. Aufkochen, dann den Senf unterrühren. Abkühlen lassen, mixen, filtern. Beiseitestellen.

Für die Pattys das Fleisch fein schneiden (nicht wolfen), mit Haselnussöl und Salz mischen.

Himbeeren klein hacken, Macadamianüsse achteln. Tomaten in dünne Scheiben schneiden, mit dem Ausstecher (Ø 5 cm) auf die Größe der Deckelaushöhlung zuschneiden. Essigzwiebeln fein schneiden. Auch Spinat und Parmesan auf diese Größe zuschneiden bzw. ausstechen.

Zusammenstellen

Auf die Brötchenböden zuerst eine Tomatenscheibe legen, dann die Macadamiastückchen, eine Schicht Tatar, eine Scheibe Parmesan und die zerkleinerten Himbeeren. Zum Schluss eine Schicht Ketchup auftragen. Den ausgestochenen Brötchendeckel unten mit einer Schicht Spinat und Essigzwiebeln auskleiden.

Es gibt immer wieder Verbindungen, die so noch nie da gewesen sind. Wer hätte es für möglich gehalten, eines Tages Charolais-Rind und Himbeeren zusammen mit Macadamianüssen auf dem Teller vorzufinden?

David TOUTAIN

[RESTAURANT DAVID TOUTAIN]

FÜR 8 PERSONEN

ZUBEREITUNG: 1 STUNDE
EINWEICHZEIT: 12 STUNDEN
RUHEZEIT: 6 STUNDEN
GARZEIT: 10 MINUTEN

FÜR DAS HUMMUS

- 150 g Kichererbsen
- 1 Karotte
- 1 Zwiebel
- ½ Knoblauchzehe
- 110 g junge grüne Erbsen
- Olivenöl
- Salz

FÜR DIE BLAUSCHIMMELCREME

- 50 g süße Zwiebeln
- ½ junge Knoblauchzehe
- 120 ml Milch
- 25 g Mascarpone
- ½ TL Agar-Agar
- ½ Blatt Gelatine
- 1 Ei
- 75 g Frühlingszwiebelgrün
- 50 g Stilton
- Salz und frisch gemahlener Pfeffer

FÜR DEN SPONGE

- 225 g junge grüne Erbsen
- 5 Eiweiß
- 5 Eigelb
- 37 g Mehl
- 20 g Bärenklausamen (essbare Wildpflanze)
- 2 TL Salz
- 1 TL Zucker

ZUSAMMENSTELLEN

- Kräuter nach Geschmack
- Kerne von grünen Tomaten
- 40 Blätter Weißer Gänsefuß (alternativ Spinat)
- 8 Schnittlauchhalme
- Salz und frisch gemahlener Pfeffer

GRÜNER BURGER

Am Vortag die Kichererbsen in reichlich Wasser einweichen.

Ebenfalls am Vortag die Blauschimmelkäsecreme vorbereiten. Dafür Zwiebeln klein schneiden, mit Knoblauch, Milch und Mascarpone in einen Topf geben und 6–7 Minuten bei niedriger Hitze köcheln lassen. Agar-Agar zugeben und noch 2 Minuten weiterkochen. In den Mixbecher geben. Gelatine in Wasser einweichen und gut ausdrücken. Mit Ei, Frühlingszwiebelgrün und Stilton zur Mascarponemischung geben. 2 Minuten gut durchmixen, mit Salz und Pfeffer abschmecken. Durch ein feines Sieb filtern, ½ cm hoch auf ein tiefes Blech gießen. 6 Stunden im Kühlschrank fest werden lassen.

Für den Sponge alle Zutaten mit 1 ½ TL warmem Wasser mischen, im Mixer aufschlagen. Filtern, danach in einen iSi-Siphon füllen. Drei Sahnekapseln einsetzen. 16 Tortenringe aus Plastik mit der Masse füllen und in der Mikrowelle bei 800 W 40 Sekunden backen.

Für das Hummus Kichererbsen abtropfen lassen, zusammen mit Karotte, Zwiebel und Knoblauch in reichlich Wasser kochen. Weich gekochte Kichererbsen herausnehmen, abtropfen lassen, mit Salz und Pfeffer abschmecken und kalt werden lassen. Zwiebel beiseitestellen. Grüne Erbsen einige Minuten in kochendem Wasser blanchieren, im Eiswasser abschrecken und ruhen lassen.

Kichererbsen und die gekochte Zwiebel in den Mixbecher geben, mit Olivenöl auffüllen, bis das Gemüse knapp bedeckt ist (man kann auch einen Teil des Öls durch Wasser ersetzen), mixen und salzen. Grüne Erbsen und einen Spritzer Olivenöl hinzufügen und erneut mixen, mit Salz abschmecken.

Das Blech mit der Käsecreme aus dem Kühlschrank nehmen und mit einem Ausstecher (Größe der Sponges) 16 Scheiben ausstechen.

Zusammenstellen

Einen Sponge, eine Käsecremescheibe, eine Schicht Hummus, noch eine Käsecremescheibe und einen zweiten Sponge aufeinander montieren. Mit Kräutern und grünen Tomatenkernen bestreuen.

Den Burger mit Gänsefußblättern umwickeln, mit Schnittlauch zusammenhalten.

Vielen gilt er als Unkraut. Aber die, die den weißen Gänsefuß unter dem Namen Ackermelde kennen, wissen, dass er nichts anderes als wilder Spinat ist, der gern in der Nähe von Doldenblütlern wächst.

Antoine WESTERMANN
& Éric KAYSER
[DROUANT] [MAISON KAYSER]

FÜR 4 PERSONEN

ZUBEREITUNG: 45 MINUTEN
RUHEZEIT: 3 ¼ STUNDEN
GARZEIT: 40 MINUTEN

FÜR DIE BRÖTCHEN

- 500 g Weizenmehl (Type 405)
- 100 g Sauerteig
- 2 Eigelb
- 16 g frische Hefe
- 8 g Salz
- 25 g Milchpulver
- 35 g Zucker
- 50 g Butter
- 55 ml Sonnenblumenöl
- schwarze Sesamsamen

WEITERE ZUTATEN

- 1 Huhn (ca. 1,2 kg)
- 4 Ananasscheiben (je ½ cm dick)
- 1 TL Butter
- 4 EL flüssiger Blütenhonig
- 4 EL Erdnussöl
- 4 Entenleberscheiben (je ca. 4 cm dick)
- 100 g Rucola
- Salz und frisch gemahlener Pfeffer

POULTRY BURGER

Für die Brötchen Mehl, 200 ml 20 °C warmes Wasser, Sauerteig, Eigelb, Hefe, Salz, Milchpulver und Zucker in die Rührschüssel einer Küchenmaschine geben. Zuerst 5 Minuten auf niedriger Stufe, dann 7 Minuten auf höherer Stufe kneten. Butter und Öl zugeben und weitere 3 Minuten auf höherer Stufe kneten. Eine Kugel formen, mit einem feuchten Geschirrtuch abdecken. Eine Stunde gehen lassen.

Arbeitsfläche mit Mehl bestäuben. Teig in acht Portionen à ca. 100 g teilen und zu Kugeln rollen. Mit einem Geschirrtuch abdecken, 15 Minuten ruhen lassen. Schwarze Sesamsamen in einen tiefen Teller geben. Teiglinge mit Öl bestreichen. In die Sesamsamen tauchen, dann in die Mulden einer Silikonform (Ø 12 cm) oder auf ein mit Backpapier ausgelegtes Backblech setzen. Mit einem feuchten Geschirrtuch abdecken und 2 Stunden gehen lassen.

Ofen auf 170°C vorheizen. Unmittelbar vor dem Backen 50 ml Wasser in die heiße Fettauffangschale gießen. Brötchen in den Ofen geben und 14 Minuten backen. Herausnehmen und zum Abkühlen auf ein Gitter setzen.

Das Huhn entbeinen, falls nicht schon vom Händler entbeint, dann das Fleisch grob zerkleinern (es sollte 500 g zerkleinertes Hühnerfleisch ergeben). Das gehackte Huhn salzen und pfeffern, gut durchkneten, damit sich die Gewürze gleichmäßig verteilen. Vier gleich große Fleischbällchen formen, flach drücken und in den Kühlschrank stellen.

Ananasscheiben mit Butter in der Pfanne anbraten. Von beiden Seiten etwas Farbe annehmen lassen, dann den Honig zugeben und leicht karamellisieren. Auf einem vorgewärmten Teller beiseitestellen.

In einer zweiten Pfanne 2 EL Erdnussöl erhitzen, Geflügelhacksteaks 5 Minuten braten. Die Steaks sollen außen goldbraun und innen gut durch gebraten sein. In der zugedeckten Pfanne beiseitestellen.

In einer dritten Pfanne die Entenleberscheiben sanft garen, bis sie eine goldbraune Farbe angenommen haben. Salzen und pfeffern.

Zusammenstellen

Den Fleischbratensatz lösen und mit dem Ananasbratensaft mischen. Brötchen halbieren und kurz unter den Grill legen. Gelösten Bratensatz auf die Brötchenböden geben, darauf zuerst Rucolablättchen, dann Fleisch, Ananas und Leber legen. Zum Schluss den Brötchendeckel aufsetzen.

An der Seite von Ananas entfaltet das sonst so brave Geflügel exotische Anwandlungen und verliert alles Bodenständige. Die Brat- und Karamellaromen – eine einzige Gaumenfreude.

Antoine WESTERMANN & Éric KAYSER

[DROUANT] [MAISON KAYSER]

FÜR 4 PERSONEN

ZUBEREITUNG: 45 MINUTEN
RUHEZEIT: 3 ¼ STUNDEN
GARZEIT: 30 MINUTEN

FÜR DIE BRÖTCHEN MIT KREUZKÜMMEL

- 500 g Mehl
- 100 g Sauerteig
- 75 g Eigelb
- 16 g frische Hefe
- 8 g Salz
- 25 g Milchpulver
- 35 g Zucker
- 10 g gemahlener Kreuzkümmel
- 50 g Butter
- 55 ml Sonnenblumenöl
- Leinsamen

FÜR DIE MEERRETTICHSAUCE

- 100 g Meerrettichwurzel
- 1 TL Zitronensaft
- 4 EL Geflügelbrühe
- 100 g Crème fraîche
- ½ TL Salz

WEITERE ZUTATEN

- 200 g Weißkohl
- ½ TL Zucker
- ½ TL Salz
- 3 EL Honigessig
- 1 TL Honig
- 3 EL Erdnussöl
- 2 g Kreuzkümmelsamen
- 600 g Rinderhackfleisch
- 100 ml Weißwein
- 200 g Sauerkraut, gekocht
- Salz und frisch gemahlener Pfeffer

STRASSBURGER

Für die Brötchen Mehl, 200 ml 20 °C warmes Wasser, Sauerteig, Eigelb, Hefe, Salz, Milchpulver, Zucker und Kreuzkümmel in die Rührschüssel einer Küchenmaschine geben. Zuerst 5 Minuten auf niedriger Stufe, dann 7 Minuten auf höherer Stufe kneten. Butter und Öl zugeben und weitere 3 Minuten auf höherer Stufe kneten. Eine Kugel formen, mit einem feuchten Geschirrtuch abdecken. Eine Stunde gehen lassen.

Arbeitsfläche mit Mehl bestäuben. Teig in acht Portionen à ca. 100 g teilen und zu Kugeln rollen. Mit einem Geschirrtuch abdecken, 15 Minuten ruhen lassen. Leinsamen in einen tiefen Teller geben. Teiglinge mit Öl bestreichen. In die Samen tauchen, dann in die Mulden einer Silikonform (Ø 12 cm) oder auf ein mit Backpapier ausgelegtes Backblech setzen. Mit einem feuchten Geschirrtuch abdecken und 2 Stunden gehen lassen.

Ofen auf 170°C vorheizen. Unmittelbar vor dem Backen 50 ml Wasser in die heiße Fettauffangschale gießen. Brötchen in den Ofen geben und 14 Minuten backen. Herausnehmen und zum Abkühlen auf ein Gitter setzen.

Für die Meerrettichsauce Meerrettich wässern, schälen, dann reiben. Mit Zitronensaft beträufeln. Geflügelbrühe, Crème fraîche und Salz hinzufügen. Mischen, bis die Masse homogen ist und eine seidig-glatte Oberfläche aufweist.

Weißkohl mit dem Gemüsehobel in sehr feine Streifen schneiden. Für die Vinaigrette in einem Schälchen Zucker, Salz, Essig und Honig verrühren, bis Zucker und Salz sich vollkommen aufgelöst haben. 2 EL Erdnussöl und die Kreuzkümmelsamen unterrühren. Vinaigrette über das Weißkraut gießen, gut mischen und bei Zimmertemperatur aufbewahren.

Hackfleisch salzen und pfeffern, gut durchkneten, damit sich die Gewürze gleichmäßig verteilen. Abschmecken. Vier gleich große Fleischbällchen formen, flach drücken. In einer Pfanne kräftig anbraten, bis der Bratensatz goldbraun ist. Die fertig gebratenen Hacksteaks in Alufolie wickeln, Folie fest verschließen. Warm stellen.

Den Bratensatz mit Weißwein ablöschen, filtern und beiseitestellen. Sauerkraut in einer Pfanne mit 1 EL Erdnussöl anbraten, mit dem Bratenjus ablöschen.

Zusammenstellen

Brötchen halbieren und toasten. Brötchenböden zuerst mit saftigem Sauerkraut, dann mit den Hacksteaks und schließlich mit Weißkrautsalat belegen. Zum Schluss die Brötchendeckel aufsetzen. Dazu die Meerrettichsauce servieren.

Ein Hauch von Honig und Kreuzkümmel. Dazu ein Weißkohl-Duett aus würzigem rohen Kraut und saftigem Sauerkraut. Mehr als Straßburg – Straßburger.

Süße Burger

Eddie BENGHANEM
& Antony TERRONE
[RESTAURANT GORDON RAMSAY]**

FÜR 8 PERSONEN

ZUBEREITUNG: 30 MINUTEN

FÜR DIE VANILLECREME
- 2 ½ Vanilleschoten
- 180 ml Milch
- 150 g weiße Schokolade
- 3,6 g Gelatine
- 240 g Sahne

FÜR DAS MANGO-APRIKOSEN-GELEE
- 75 g Aprikosenfruchtmark
- 75 g Mangofruchtmark
- 20 g Invertzucker
- 20 g Zucker
- 1 g Pektin NH

FÜR DAS PFIRSICHCONFIT
- 100g weißer Pfirsich
- 1 Blatt Gelatine

WEITERE ZUTATEN
- 1 Butterbrioche
- 2 EL Puderzucker
- 25 g Butter

ZUSAMMENSTELLEN
- 1 frische Mango
- 1 EL geschmolzene dunkle Schokolade
- Himbeeren zum Garnieren

ARME-RITTER-BURGER

mit Vanillecreme und Mango-Aprikosen-Gelee

Für die Vanillecreme Vanille längs halbieren und das Mark auskratzen. Milch mit Vanillemark und den ausgekratzten Schoten aufkochen. Weiße Schokolade in Stückchen brechen und in eine Schüssel füllen. Die in kaltem Wasser eingeweichte, gut ausgedrückte Gelatine hinzufügen und unter Rühren lösen. Die heiße Vanillemilch durch ein feines Spitzsieb über die Schokolade gießen, die Schokolade so schmelzen und anschließend mixen. Flüssige Sahne unterrühren und die Masse in acht Ringe (Ø 8 cm) füllen. Abkühlen lassen.

Für das Mango-Aprikosen-Gelee Fruchtmark mit Invertzucker in einem Topf erhitzen. Zucker und Pektin mischen und hinzufügen, 1 Minute kochen lassen. Frucht-Zucker-Mischung in Silikonhalbkugeln (Ø 4 cm) füllen. Kühl stellen.

Für das Pfirsichconfit die Pfirsiche häuten, halbieren, Stein entfernen, in Stücke schneiden. Fruchtfleisch pürieren, aufkochen. Die in kaltem Wasser eingeweichte, gut ausgedrückte Gelatine darin auflösen, abkühlen lassen.

Die Brioche in Scheiben schneiden und mit einem Ausstecher (Ø 8 cm) 16 runde Scheiben ausstechen. Puderzucker in einer Pfanne erhitzen und die Briochescheiben darin karamellisieren. Ein Stück Butter hinzufügen, Briochescheiben auf beiden Seiten 2 Minuten bräunen.

Zusammenstellen

Mango schälen, vom Stein befreien, in dünne Scheiben schneiden und mit einem Ausstecher (Ø 8–10 cm) Kreise ausstechen. Auf jeden Teller einen dünnen Schokoladenstrich ziehen. Eine Briochescheibe auf den Teller setzen, eine Scheibe Mango darauflegen. Einen Klecks Pfirsichconfit in die Mitte geben, darauf eine zweite Briochescheibe und auf diese einen Vanillecremetaler sowie eine Halbkugel Mango-Aprikosen-Gelee setzen. Teller mit frischen Himbeeren und Blüten aus Mangofruchtfleisch dekorieren.

Pfirsichblüten und Himbeeren neben einer Mango-Aprikosen-Sonne. Und der herrliche Geschmack von gezuckertem Brot, den wir schon fast vergessen hatten ... wie die Spiele und Märchen unserer Kindheit.

Eddie BENGHANEM
& Antony TERRONE
[RESTAURANT GORDON RAMSAY]**

FÜR 8 PERSONEN

ZUBEREITUNG: 30 MINUTEN
GARZEIT: CA. 5 MINUTEN

NOISETTE-BURGER
mit Banane und Pekannuss

FÜR DEN SCHOKOLADENBISKUIT
- 220 g dunkle Schokolade (64 % Kakaoanteil)
- 100 g Butter
- 7 Eiweiß
- 64 g Zucker
- 3 Eigelb
- ½ TL Vanillezucker

FÜR DEN HASELNUSSKROKANT
- 100 g Vollmilchschokolade
- 40 g Kakaobutter
- 200 g Pralinémasse
- 200 g Haselnusspraliné 60/40
- 200 g Cornflakes
- 35 g Haselnüsse, geröstet und gehackt

FÜR DIE NUSSNOUGATCREME
- 150 g Zartbitterschokolade
- 175 g Haselnusspraliné 60/40
- 175 g Mandelpraliné 60/40
- 350 g Kondensmilch
- 50 g Glukose
- 50 g Haselnussnöl

FÜR DEN PASSIONSFRUCHTKARAMELL
- 150 g Sahne
- 100 g Glukose
- 110 g Glukosepulver
- 425 g Zucker
- 250 g Passionsfruchtmark
- 250 g Mangomark
- 225 g Butter

FÜR DIE GEBRANNTEN PEKANNÜSSE
- 200 g Pekannüsse
- 65 g Zucker
- 1 Prise Salz

ZUSAMMENSTELLEN
- 1 EL Puderzucker
- 1 Msp. Vanillezucker
- 1 frische Banane
- geraspelte Kokosnuss

Für den Schokoladenbiskuit Schokolade und Butter im Wasserbad (max. 45 °C) schmelzen und etwas abkühlen lassen. Eiweiß mit Zucker zu Schnee schlagen, Eigelb und geschmolzene Schokolade unterziehen. Ofen auf 150 °C vorheizen. Masse mithilfe eines Spritzbeutels in Silikonhalbkugeln (Ø 6 cm) füllen. Im vorgeheizten Ofen 4 Minuten backen.

Für den Haselnusskrokant Schokolade und Kakaobutter getrennt schmelzen, dann mischen. Zunächst die Pralinémassen, dann die Cornflakes und Nüsse unterrühren. Zwischen zwei Bögen Backpapier ausrollen, fest werden lassen, oberes Backpapier entfernen und acht Scheiben (Ø 4 cm) ausstechen.

Für die Nussnougatcreme in Stücke gebrochene Schokolade, Haselnuss- und Mandelpraliné in einer Schüssel mischen. Kondensmilch mit Glukose aufkochen. Über die Schokoladen-Praliné-Mischung gießen, Haselnussöl hinzufügen und mixen.

Für den Passionsfruchtkaramell Sahne, die beiden Glukosearten und Zucker auf 120 °C erhitzen. Fruchtmark hinzufügen, auf 105 °C erhitzen. Temperatur auf 50 °C sinken lassen, Butter einarbeiten, dann mixen.

Für die gebrannten Pekannüsse Zucker mit 20 ml Wasser auf 121 °C erhitzen. Pekannüsse hinzufügen, kochen lassen, bis die Flüssigkeit verdampft und die Nüsse mit einer Kruste überzogen sind. Abkühlen lassen.

Zusammenstellen

Die Hälfte der Biskuithalbkugeln mit der Nussnougatcreme überziehen, mit gebrannten Pekannüssen und vanilliertem Puderzucker bestreuen. Die restlichen Biskuithalbkugeln umdrehen, je eine Haselnusskrokantscheibe und darauf Bananenscheiben legen. Mit Passionsfruchtkaramell und Kokosraspeln abschließen. Die garnierten Biskuithalbkugeln als Deckel aufsetzen.

Wie ein kleiner Käfer, der gerade auf dem Teller landet, Kokosraspel als Flügel. Der erste Bissen erweist sich als Bumerang, plötzlich ist die Erinnerung da an unsere Nachmittagspausen in der Schule, an unser Lachen, unsere verschmierten Münder.

Jacques DECORET

[MAISON DECORET]*

FÜR 8 PERSONEN

ZUBEREITUNG: 1 ½ STUNDEN
RUHEZEIT: 1 ½ STUNDEN
GARZEIT: 2 ½ STUNDEN

FÜR DIE MERINGEN

- 5 Eiweiß
- 1 Msp. Salz
- 150 g Zucker
- 150 g Puderzucker

FÜR DAS EIS

- 160 g Vichy-Pastillen mit Minzgeschmack
- 7 Eigelb
- 580 ml Milch
- 100 g Sahne

FÜR DAS ERDBEERGELEE

- 200 g Walderdbeeren
- 30 g Zucker
- 6 g Blattgelatine

FÜR DIE SAHNE

- 200 g Sahne
- 40 g Puderzucker

FÜR DEN EISCHNEE

- 4 Eiweiß
- 1 Prise Salz
- 120 g Zucker

FÜR DEN BELAG

- 300 g Walderdbeeren
- frische Minzeblättchen
- 8 Rucolablätter

VICHY-BURGER

mit Walderdbeeren

Für die Meringen Eiweiß mit Salz zu Schnee schlagen, dabei den Zucker nach und nach einrieseln lassen. Puderzucker zum Schluss vorsichtig unterheben. Zwei unterschiedlich dicke Meringen herstellen. Dafür insgesamt 16 Ringe (Ø 8 cm) auf ein beschichtetes Backblech setzen. Die Eischneemasse in acht Ringe 1,5 cm hoch und in acht Ringe 3 mm hoch einfüllen. Ofen auf 90 °C vorheizen, Meringen 2 Stunden im Ofen trocknen. Durchgetrocknete Meringescheiben vorsichtig lösen, in einem luftdichten Behälter aufbewahren.

Für das Eis die Vichy-Pastillen mixen, bis sie die Konsistenz von Puderzucker haben. Pastillenpuder mit den Eigelben verrühren. Milch und Sahne aufkochen, über die Eigelbmasse gießen. Das Ganze auf 83 °C erhitzen, abkühlen lassen. In die Eismaschine geben und 45 Minuten gefrieren lassen. Das Eis 1 cm hoch auf eine Platte streichen und in den Gefrierschrank stellen. Aus der tiefgekühlten Eisplatte mit einem Ausstecher (Ø 8 cm) acht Kreise ausstechen. Im Gefrierschrank aufbewahren.

Für das Erdbeergelee Erdbeeren waschen, Stielansätze abzupfen. In Stücke schneiden. Mit 30 ml Wasser und dem Zucker in eine Edelstahlschüssel geben. Im Wasserbad 30 Minuten Saft ziehen lassen. Gelatine in kaltem Wasser einweichen. Erdbeersaft durch ein Sieb filtern, Gelatine gut ausdrücken und im heißen Saft auflösen. In eine kleine Edelstahlschale (18 x 10 cm) gießen und kalt werden lassen. Dann in 8 mm breite Streifen schneiden.

Sahne steif schlagen, wenn die Sahne fast steif ist, Puderzucker zugeben. Sahne in einen Spritzbeutel (Tülle Nr. 8) füllen. In den Kühlschrank legen.

Für den Eischnee Eiweiß mit Salz sehr steif schlagen, dabei den Zucker nach und nach einrieseln lassen. Eischnee 1,5 cm hoch auf eine Platte streichen. Etwa 10 Sekunden in der Mikrowelle garen. Abkühlen lassen, dann acht Kreise (Ø 8 cm) ausstechen.

Zusammenstellen

Auf jeden Teller eine der hohen Meringescheibe (1,5 cm) legen. Darauf im Abstand von 8 mm die Erdbeergeleestreifen geben, die Zwischenräume mit der geschlagenen Sahne füllen. Als Nächstes eine Scheibe Eis, dann eine Scheibe Eischnee auflegen. Mit den Walderdbeeren belegen, kleine Minzeblättchen darüberstreuen. Eine dünne Meringescheibe (3 mm) als Deckel aufsetzen. Mit weiteren Walderdbeeren und Rucolablättchen garnieren.

Schnell die Ballerinas und das karierte Kleid hervorholen für dieses Dessert im Vichy-Muster. Sahneweiß und Erdbeerrot – sich fühlen wie Alice im Wunderland. Diesen süßen Imbiss, bei dem sicher der verrückte Hutmacher seine Hand im Spiel hatte, kann man einfach nur genießen.

Jacques
DECORET
[MAISON DECORET]*

FÜR 16 PERSONEN

ZUBEREITUNG: 1 ½ STUNDEN
RUHEZEIT: 2 STUNDEN
GARZEIT: 1 ½ STUNDEN

FÜR DIE BRÖTCHEN

- 220 ml Milch
- 30 g frische Hefe
- 20 g Zucker
- 700 g Mehl
- 8 g Salz
- 1 Ei
- 40 g weiche Butter
- 1 Eigelb
- 10 g Sahne

FÜR DIE MANDARINENRINGE

- 100 g Fondant
- 80 g Glukose
- ein paar Tropfen orange Lebensmittelfarbe
- ein paar Tropfen Mandarinenöl
- 1 TL Milchpulver

FÜR DIE ORANGENSAHNE

- 200 g Sahne
- 40 g Puderzucker
- ein paar Tropfen Orangenöl

SÜSSER BURGER

mit Zitrusfrüchten – gezuckert, cremig, geeist und konfiert

Für die Brötchen Milch erwärmen, Hefe mit Zucker darin auflösen. Mehl und Salz in einer Rührschüssel mischen. Milch-Hefe-Mischung, das Ei und Butter hinzufügen. Zu einem homogenen, elastischen Teig kneten. Mit einem feuchten Geschirrtuch abgedeckt 1 Stunde gehen lassen. Den Teig auf eine bemehlte Arbeitsfläche geben und gut durchkneten, um größere Lufteinschlüsse zu vermeiden. Dann zu einem Rechteck (12 mm dick) ausrollen.

Mit einem Ausstecher (Ø 10 cm) 16 Scheiben ausstechen und auf zwei beschichtete Backbleche legen. Abdecken und 1 Stunde gehen lassen. Ofen auf 200 °C vorheizen, Eigelb mit Sahne verrühren und die Teigscheiben damit dünn bestreichen. Im vorgeheizten Ofen 18 Minuten backen. Nach 9 Minuten Bleche herausnehmen und mit einem Ausstecher (Ø 4 cm) in der Mitte der Teiglinge einen Kreis ausstechen. Bleche zurück in den Ofen schieben, Brötchen fertig backen.

Für die Mandarinenringe Fondant und Glukose in einer beschichteten Pfanne schmelzen. Masse erhitzen, bis sie eine helle, goldene Farbe annimmt. Lebensmittelfarbe und Mandarinenöl hinzufügen. Mischung auf ein Backpapier gießen, abkühlen lassen. Fest gewordene Zuckermasse in Stücke brechen und zu Puder mixen.

Den Ofen auf 100 °C vorheizen. Aus einem großen Bogen Backpapier 16 große Kreise (Ø 10 cm) ausschneiden. Aus den Kreisen 16 kleine Kreise (Ø 4 cm) ausschneiden. Die Bögen mit den Löchern auf beschichtete Backbleche legen. In die Mitte der Löcher die kleinen Kreise legen. Eine dünne Schicht Mandarinenpuder durch ein Sieb auf die Aussparungen streuen. Mit Milchpulver bestäuben. Das Schablonen-Backpapier entfernen und das Blech 5 Minuten in den Ofen schieben. Herausnehmen, Mandarinenringe vorsichtig vom Blech lösen, abkühlen lassen. In einem luftdichten Behälter aufbewahren.

Die gut gekühlte Sahne steif schlagen, dabei nach und nach den Puderzucker einrieseln lassen. Zum Schluss ein paar Tropfen Orangenöl hinzufügen. Orangensahne in einen Spritzbeutel (Tülle Nr. 4) füllen. In den Kühlschrank legen.

[Fortsetzung auf S. 206]

Eine Zeremonie in Zitrusgelb. Die Mandarinendame thront eisig zwischen Sockel und Deckel. Ihr Hofstaat wartet mit Zitronencreme und konfierter Orange auf. Ein absolutes Muss für die nächste große Feier!

Jacques DECORET

SÜSSER BURGER [Fortsetzung]

FÜR DAS MANDARINENSORBET
- 250 ml Mandarinensaft
- 25 g Zucker

FÜR DIE ZITRONENCREME
- 1 Ei
- 50 g Zucker
- 40 ml Zitronensaft
- 60 g Butter
- ½ Blatt Gelatine

ZUSAMMENSTELLEN
- 100 ml Orangensaft
- je 8 Blutorangen-, Grapefruit- und Orangenfilets
- grüne Shisoblätter
- 3 TL konfierte Orangen
- 2 konfierte Kumquats

Für das Mandarinensorbet Mandarinensaft mit 70 ml Wasser und dem Zucker in einem Topf erhitzen und den Zucker unter Rühren lösen. Abkühlen lassen, in eine Eismaschine füllen und gefrieren lassen. Das Sorbet in Halbkugelformen (Ø 2 cm) füllen. Pro Burger drei Kugeln Mandarinensorbet vorsehen. Bis zum Servieren im Gefrierschrank aufbewahren.

Für die Zitronencreme Ei, Zucker und Zitronensaft verrühren. Im Mixer aufschlagen, dann in eine kleine Kasserolle umfüllen. Stückchenweise kalte Butter einarbeiten, vorsichtig die Hitze erhöhen, bis die ersten Blasen sichtbar werden. Den Topf vom Herd nehmen. Die in kaltem Wasser eingeweichte, gut ausgedrückte Gelatine in der Creme auflösen, gut umrühren. Abkühlen lassen, dann in einen Spritzbeutel (Tülle Nr. 5) füllen. In den Kühlschrank legen.

Zusammenstellen

Brötchenringe aufschneiden. Die unteren Hälften auf Teller legen. Mit Orangensaft beträufeln. Auf jedem Ring drei Kugeln Mandarinensorbet verteilen, dazwischen je drei kleine Kugeln Zitronencreme auftupfen.

Blutorangen-, Grapefruit- und Orangenfilets dazwischenlegen. Mit dem Spritzbeutel Orangensahne auftupfen, mit Shisoblättchen garnieren. Die Brötchendeckel mit den Mandarinenringen belegen und auflegen. Mit Orangen- und Kumquatwürfeln garnieren.

Christophe **FELDER**
& Camille **LESECQ**
[MAISON OPPÉ]

FÜR 8–10 PERSONEN

ZUBEREITUNG: 3 STUNDEN
GARZEIT: 25 MINUTEN
RUHEZEIT: 1 STUNDE

FÜR DEN SCHOKOLADENBISKUIT

- 80 g dunkle Schokolade (80 % Kakaoanteil)
- 80 g Butter
- 30 g Puderzucker
- 7 Eigelb
- 3 Eiweiß
- 65 g Zucker
- 80 g Mehl
- 5 g Backpulver
- 25 g gemahlener Kaffee

FÜR DEN MANDELBISKUIT

- 4 Eier
- 4 Eigelb
- 220 g gemahlene Mandeln
- 275 g Zucker
- 4 Eiweiß
- 100 g Mehl

FÜR DIE KAFFEECREME

- 90 ml Milch
- 30 g gemahlener Kaffee
- 175 g Zucker
- 4 Eigelb
- 400 g Butter
- 2 Eiweiß

OPERN-BURGER

Für den Schokoladenbiskuit den Ofen auf 170 °C vorheizen. Die Schokolade im Wasserbad schmelzen. Butter mit Puderzucker schaumig rühren, zunächst Eigelb, dann die geschmolzene Schokolade unterrühren. Eiweiß mit 50 g Zucker zu Schnee schlagen, unter die Schokoladenmasse ziehen. Mehl und Backpulver vermengen, sieben und unterheben. Zehn Silikonhalbkugeln sowie zehn kleine Tortenringe mit demselben Durchmesser mit je 25 g Teig füllen. Im vorgeheizten Ofen 12–15 Minuten backen. Währenddessen für den Kaffeesirup 100 ml Wasser auf 90 °C erhitzen, über den gemahlenen Kaffee gießen, 15 g Zucker hinzufügen. Beiseitestellen.

Für den Mandelbiskuit den Ofen auf 200 °C vorheizen. Eier, Eigelbe, gemahlene Mandeln und 175 g Zucker in die Rührschüssel der Küchenmaschine geben. 15 Minuten auf hoher Stufe cremig schlagen. Eiweiß zu Schnee schlagen, dabei die restlichen 100 g Zucker einrieseln lassen. Den Eischnee auf die Ei-Mandel-Masse geben. Mehl auf den Eischnee sieben und beides vorsichtig unter die Ei-Mandel-Masse heben.

Ein Drittel des Teigs auf ein Backpapier (30 x 40 cm) streichen. 10–12 Minuten im vorgeheizten Ofen backen, nach 5–6 Minuten die Bleche von hinten nach vorne drehen. Fertigen Biskuit vollständig auskühlen lassen. Mit dem restlichen Teig ebenso vorgehen. Aus dem Mandelbiskuitboden zehn Quadrate (5 cm) ausschneiden.

Für die Kaffeecreme zuerst eine englische Creme zubereiten. Dafür Milch, gemahlenen Kaffee, 70 g Zucker und die Eigelbe verrühren. Unter ständigem Rühren auf 85 °C erhitzen und die Creme zur Rose abziehen. Durch ein Sieb streichen, mit dem Handrührgerät auf hoher Stufe bis zum vollständigen Abkühlen weiterschlagen. Die Butter in Stücke schneiden, unterrühren und die Creme erneut aufschlagen. Beiseitestellen. Dann eine italienische Meringe zubereiten. Dafür 105 g Zucker mit 30 ml Wasser auf 120 °C erhitzen. Eiweiß zu einem cremigen Eischnee aufschlagen. Den heißen Zuckersirup in dünnem

Strahl zum Eischnee geben und die Masse bis zum vollständigen Abkühlen auf höchster Stufe weiterschlagen. Diese Meringemasse nun vorsichtig unter die englische Creme ziehen. Beiseitestellen.

Für die Ganache die Schokolade mit 64 % Kakaoanteil fein hacken. Milch und Sahne aufkochen. Die heiße Mischung nach und nach auf die Schokolade gießen, glatt rühren und die Butter unterrühren. Ganache 6 mm hoch in einen Rahmen füllen. Die Schokolade mit 70 % Kakaoanteil im Wasserbad schmelzen und auf die erkaltete Ganache auftragen. Abkühlen lassen und in Quadrate (5 cm) schneiden.

Für die Glasur die Glasurmasse in der Küchenmaschine mit dem Messer klein hacken. Im Wasserbad bei 35 °C mit dem Öl schmelzen, dabei ständig mit einem Gummispatel rühren. Beiseitestellen.

Zusammenstellen

Ein Blech mit Backpapier auslegen. Schokoladen- und Mandelbiskuit mit Kaffeesirup tränken. Biskuithalbkugeln mit der Schokoladenkuvertüre überziehen und mit Sesamsamen bestreuen.

Auf jeden Teller einen Schokoladenbiskuit legen, mit Kaffeecreme bestreichen, darüber ein Ganachequadrat legen, dann wieder eine Schicht Kaffeecreme auftragen, ein Mandelbiskuitquadrat darüberlegen, noch eine Schicht Kaffeecreme auftragen und zum Schluss die mit Glasur überzogene Schokoladenbiskuithalbkugel aufsetzen. Vor dem Servieren 1 Stunde in den Kühlschrank stellen.

FÜR DIE GANACHE

- 170 g dunkle Schokolade (64 % Kakaoanteil)
- 100 ml Milch
- 40 g Sahne
- 20 g weiche Butter
- 110 g dunkle Schokolade (70 % Kakaoanteil)

FÜR DIE GLASUR

- 400 g dunkle Glasurmasse
- 100 ml Öl

ZUSAMMENSTELLEN

- Sesamsamen

Keine Feier ohne Schokolade. Dunkelbraun im Wechselspiel mit Elfenbein – diese Klaviatur bringt die feinsten (Geschmacks-)Noten zum Klingen. Ganache und Biskuit – ein Geschmackserlebnis wie volle Orgelklänge. Dazu die klaren Stimmen von Kaffeecreme und Mandeln.

Nichts ist köstlicher als Rhabarber, der seine perfekten Begleiter gefunden hat. Zuerst Zucker für die Kruste, dann Schwarzkirschen mit Kirschwasser verfeinert und die schaumige Vanillecreme dazwischen schlägt eine perfekte Geschmacksbrücke.

Christophe **FELDER**
& Camille **LESECQ**
[MAISON OPPÉ]

FÜR 10 PERSONEN

ZUBEREITUNG: 30 MINUTEN
RUHEZEIT: 5 STUNDEN
GARZEIT: 1 STUNDE

FÜR DIE BRÖTCHEN

- 10 g frische Hefe
- 50 ml Milch
- 250 g Mehl (Type 450)
- 30 g Zucker
- 3 Eier
- 115 g zimmerwarme Butter
- 1 Eigelb
- 20 g weiße Sesamsamen
- Salz

FÜR DIE RHABARBERKRUSTE

- 1 kg Hagelzucker
- 3–4 Stangen frischer Rhabarber
- 2 EL Tannenhonig

FÜR DIE SCHAUMIGE VANILLECREME

- 5 g Blattgelatine
- 6 Eigelb
- 100 g Zucker
- 25 g Maisstärke
- 1 Bourbonvanilleschote
- 250 ml Milch
- 5 Eiweiß

RHABARBER-HAMBURGER

Für den Brötchenteig Hefe in eine Schüssel bröckeln, Milch erwärmen, darübergießen und unter Rühren lösen. Mehl daraufgeben. Zucker und 1 TL Salz hinzufügen, dann zwei der Eier dazugeben. Mit einem Spatel 1–2 Minuten rühren, bis der Teig sich von der Schüsselwand löst. Butter unterrühren. Teig von Hand 5–6 Minuten gut durchkneten. Eine Kugel formen. In der Schüssel etwa 60 Minuten bei Zimmertemperatur (idealerweise 25 °C) zugedeckt gehen lassen, der Teig sollte das Doppelte seines Ausgangsvolumens erreichen. Anschließend den Teig auf eine bemehlte Arbeitsfläche geben und gut durchkneten, um größere Lufteinschlüsse zu vermeiden. Teig zu einem Rechteck formen, in Frischhaltefolie einschlagen und 2 Stunden in den Kühlschrank legen.

Teig aus dem Kühlschrank nehmen und mit dem Rollholz auf der Arbeitsfläche ca. 1 cm hoch ausrollen. Mit einem Ausstecher (Ø 9 cm) Kreise ausstechen.

Die Teigkreise auf ein mit Backpapier ausgelegtes Blech legen. Mit Frischhaltefolie abdecken, damit der Teig nicht austrocknet. Bei Zimmertemperatur 2 Stunden gehen lassen. Ofen auf 180 °C vorheizen. Eigelb und das letzte Ei mit 1 Prise Salz verrühren. Die gut aufgegangenen Teiglinge damit dünn bestreichen, anschließend mit Sesamsamen bestreuen. Im vorgeheizten Ofen 8–10 Minuten backen. Die fertig gebackenen Brötchen auf einem Gitter abkühlen lassen.

Für die Rhabarberkruste den Ofen auf 180 °C vorheizen. Die Hälfte des Hagelzuckers auf ein Blech streuen. Die Rhabarberstangen ggf. putzen und ganz oder halbiert auf den Hagelzucker legen, mit Honig beträufeln und mit dem restlichen Hagelzucker abdecken. 45–50 Minuten im Ofen garen, herausnehmen und beiseitestellen.

Für die schaumige Vanillecreme Gelatineblätter in kaltem Wasser einweichen. Eigelbe in eine Metallschüssel geben, 50 g Zucker und die Maisstärke hinzufügen und mit dem Schneebesen gut verrühren, aber nicht cremig aufschlagen. Vanilleschote halbieren und auskratzen. Milch mit Vanillemark und der ausgekratzten Schote aufkochen. Schote herausnehmen und die heiße Vanillemilch unter die Eimasse schlagen. Das Ganze in ein Wasserbad setzen und unter ständigem Schlagen mit dem Schneebesen erhitzen. Die Temperatur darf 82 °C nicht übersteigen.

Sobald die Creme eindickt, die ausgedrückte Gelatine unterziehen. Eiweiß langsam schlagen, dabei den restlichen Zucker einrieseln lassen. Dann auf höchster Stufe sehr steif schlagen. Vanillecreme mit einem Teil des Eischnees glatt rühren. Den restlichen Eischnee vorsichtig unterheben. Die Creme in zehn Halbkugelformen füllen. In den Gefrierschrank stellen.

ZUSAMMENSTELLEN

- 400 g Schwarzkirschen zzgl. einige zum Dekorieren
- 1 TL Kirschwasser
- Lavendelblüten

Zusammenstellen

Zuckerkruste aufbrechen, Rhabarberstangen vorsichtig entnehmen. Stangen schräg in 2 cm lange Stücke schneiden. Kirschen halbieren, entsteinen und mit Kirschwasser flambieren. Brötchen genau in der Mitte halbieren. Auf die unteren Hälften je eine Halbkugel Vanillecreme setzen, Rhabarber und Kirschen kreisförmig darauf verteilen. Brötchendeckel oben aufsetzen. Teller mit Kirschen und Lavendelblüten garnieren.

Gaëtan
FIARD
[LE DIANE]*

FÜR 4 PERSONEN

ZUBEREITUNG: 2 STUNDEN 20 MINUTEN
RUHEZEIT: 24 STUNDEN + 2 STUNDEN
GARZEIT: 35 MINUTEN

FÜR DIE KARAMELLGLASUR
- 375 g Zucker
- 300 g Sahne
- 25 g Maisstärke
- 10 g Gelatine

FÜR DEN MANDELBISKUIT
- 7 Eiweiß
- 100 g Puderzucker
- 100 g gemahlene Mandeln

FÜR DEN CREMIGEN KARAMELL
- 150 g Sahne
- 120 g Zucker
- 75 g Butter
- 1 Blatt Gelatine
- 300 g Mascarpone

FÜR DEN MÜRBTEIG
- 150 g Butter
- 95 g Puderzucker
- 30 g gemahlene Mandeln
- Mark von 1 Vanilleschote
- 1 Ei
- 250 g Mehl

FÜR DIE KARAMELLISIERTE APFELRINGE
- 250 g Äpfel (Golden Delicious)
- 50 g Zucker
- 10 g Butter
- 10 g Sahne
- 1 Blatt Gelatine

KARAMELL-BURGER

Karamellglasur am Vortag zubereiten. Dafür Zucker schmelzen und leicht bräunen, die Sahne erhitzen und hinzufügen. Die Maisstärke in 50 ml Wasser lösen und dazugeben. Kurz aufwallen lassen, vom Herd nehmen und auf 55 °C abkühlen lassen. Die in kaltem Wasser eingeweichte, ausgedrückte Gelatine unterziehen und 24 Stunden ruhen lassen.

Für den Mandelbiskuit Eiweiß zu Schnee schlagen. Puderzucker und Mandeln sieben, mischen und vorsichtig unter den Eischnee heben. Ofen auf 180 °C vorheizen. Masse auf ein Blech streichen und 5 Minuten backen. Aus dem Ofen nehmen, abkühlen lassen und mit einem Ausstecher (Ø 5 cm) vier Kreise ausstechen.

Für den cremigen Karamell die Sahne erhitzen. Zucker in einer Kasserolle vorsichtig schmelzen. Wenn er sich an den Wänden des Topfes leicht bräunlich färbt, mit heißer Sahne ablöschen. Gut verrühren. Die Mischung in eine große Schüssel gießen, Butter und die in kaltem Wasser eingeweichte und ausgedrückte Gelatine und schließlich den Mascarpone unterrühren. Vier Halbkugelformen und vier Savarin-Formen mit der Masse füllen, eine Scheibe Mandelbiskuit auf jede Form legen und 3 Stunden im Kühlschrank fest werden lassen.

Für den Mürbteig Butter weich rühren, Puderzucker, gemahlene Mandeln und Vanillemark unterrühren. Ei und gesiebtes Mehl hinzufügen und unterkneten. Teig 2 Stunden ruhen lassen, dann 1,5 cm dick ausrollen. Ofen auf 145 °C vorheizen. Teig in acht Quadrate (7 cm) schneiden. 12 Minuten backen.

Für die karamellisierten Apfelringe Äpfel schälen und würfeln. Zucker in einer Kasserolle bei milder Hitze schmelzen. Wenn er anfängt, leicht braun zu werden, Apfelwürfel, dann Butter und Sahne hinzugeben. 10 Minuten kochen. Apfelwürfel herausnehmen, 10 Minuten abtropfen lassen. Die Gelatine in kaltem Wasser einweichen, gut ausdrücken und in wenig heißer Flüssigkeit auflösen und gut mit den Äpfeln mischen. Masse 2 cm hoch in vier Ringe (Ø 6 cm) füllen. Beiseitestellen.

[Fortsetzung auf S. 218]

Wozu braucht man Frittenbuden und Karussells, wenn der Jahrmarkt auf den Teller kommt? In Gestalt dieses Paradiesapfels, der sich nicht gleich zu erkennen gibt. Er ist nicht rot, er ist so viel besser! Karamellig, mit sagenhaft schmelzendem Kern. Einfach ganz ohne Gewissensbisse davon abbeißen!

Gaëtan FIARD

KARAMELL-BURGER [Fortsetzung]

FÜR DIE SCHOKO-ERDNUSS-GLASUR
- 50 g Erdnusskerne
- 100 g Vollmilchschokolade
- 250 g Vollmilchkuvertüre
- 35 g Traubenkernöl

FÜR DEN FLIESSENDEN KARAMELL
- 50 g Zucker
- 150 g Sahne
- 25 g Butter

FÜR DIE APFELSPALTEN
- 100 g trockenes Hefegebäck
- 100 g Äpfel (Golden Delicious)
- 100 g Mehl
- 2 Eier
- Puderzucker zum Bestäuben
- Öl zum Frittieren

ZUSAMMENSTELLEN
- weiße Sesamsamen

Für die Schoko-Erdnuss-Glasur Erdnüsse trocken rösten und im Mixer stückig mahlen. Schokolade und Kuvertüre zusammen in einer Kasserolle bei milder Hitze schmelzen, dann das Öl und die Erdnüsse hinzufügen.

Für den fließenden Karamell Zucker in einer Kasserolle schmelzen, etwas Farbe annehmen lassen, dann Sahne und Butter hinzufügen. Verrühren und beiseitestellen.

Für die Apfelspalten Hefegebäck im Mixer fein mahlen. Äpfel schälen und in Spalten schneiden. Spalten erst in Mehl, dann in verquirltem Ei und zum Schluss in Hefegebäckbröseln wenden. In 180 °C heißem Öl frittieren. Abtropfen lassen, mit Puderzucker bestäuben.

Zusammenstellen

Karamellhalbkugeln und -savarins aus dem Kühlschrank nehmen, mit Karamellglasur überziehen und mit Sesamsamen bestreuen, danach auf ein Gitter setzen. Apfelringe aus den Tortenringen nehmen, in der Mitte ein Loch ausstechen. In die Schoko-Erdnuss-Glasur tauchen. Je einen Karamellsavarin auf einen Teller legen, ein Mürbgebäck-Quadrat darüberlegen und darauf einen schokolierten Apfelring legen. In die Aussparung in der Mitte fließenden Karamell füllen, ein weiteres Mürbgebäck-Quadrat darüberlegen und zum Schluss die Karamellhalbkugel aufsetzen. Mit Apfelspalten servieren.

Gaëtan FIARD

[LE DIANE]*

MADELEINE-BAGEL-BURGER

FÜR 4 PERSONEN

ZUBEREITUNG: 1 ½ STUNDEN
RUHEZEIT: 24 STUNDEN
GARZEIT: 15 MINUTEN

FÜR DIE BAGELS

- 4 Eier
- 175 g Zucker
- 150 ml warme Milch
- 25 g Honig
- 250 g Mehl
- 10 g Backpulver
- 225 g Butter

FÜR DAS PASSIONSFRUCHTGELEE

- 250 g Passionsfruchtmark
- 25 g Zucker
- ½ TL Agar-Agar
- 5 g Pektin NH
- 15 g Dextrose

FÜR DIE FRISCHKÄSE-SAHNE

- 100 g Mascarpone
- 80 g Sahne
- 50 g Frischkäse
- 25 g Puderzucker
- Mark von ½ Vanilleschote

FÜR DIE FRITTIERTEN VERVEINEBLÄTTER

- 25 schöne Verveineblätter
- 200 g geklärte Butter
- 10 g Puderzucker

ZUSAMMENSTELLEN

- 50 g Walderdbeeren

Für die Bagels einen Madeleineteig zubereiten. Eier und Zucker ca. 10 Minuten cremig rühren, Milch und Honig hinzufügen. Mehl und Backpulver vermengen, Butter bräunen und beides vorsichtig unterheben. Den Teig mindestens 24 Stunden ruhen lassen. Dann den Ofen auf 180 °C vorheizen. Madeleineteig in acht Savarin-Backformen (Ø 5 cm) füllen und 12 Minuten backen. Abkühlen lassen, dann die Bagels waagrecht halbieren.

Für das Passionsfruchtgelee alle Zutaten mischen und aufkochen. Die Masse auf ein rechteckiges Blech gießen und 24 Stunden in den Gefrierschrank stellen.

Für die Frischkäsesahne sämtliche Zutaten in die Rührschüssel der Küchenmaschine geben und aufschlagen, bis eine Creme mit der Konsistenz von Schlagsahne entsteht.

Die Verveine-Blätter 1 Minute in 150 °C heiße Butter tauchen, abtropfen lassen und mit Puderzucker bestäuben.

Zusammenstellen

Aus dem Passionsfruchtgelee mit einem Ausstecher (Ø 5 cm) Kreise ausstechen. Auf die unteren Bagelhälften einen Passionsfruchtgeleekreis legen, ringsum mit Walderdbeeren belegen, das Innere mit Frischkäsesahne füllen. Die obere Bagelhälfte auflegen, die Mitte mit Walderdbeeren füllen. Mit frittierten Verveine-Blättern garnieren.

Madeleine, einmal nicht in der gewohnten Muschelform, sondern ganz rund – so erfindet sich die Teatime neu. Ein Hauch Passionsfrucht, Walderdbeeren und zwei, drei frittierte Verveineblätter, deren Aroma diese Madeleine für immer in unserer Erinnerung verankert ...

Jacques
GENIN
[CHOCOLATERIE JACQUES GENIN]

FÜR 4 PERSONEN

ZUBEREITUNG: 1 ¾ STUNDEN
GARZEIT: 10 MINUTEN

FÜR DEN MANDELKROKANT
- 250 g Mandelblättchen
- 330 g Zucker
- 50 g Glukose
- 15 g Kakaobutter

FÜR DAS KROKANTEIS
- 70 g Mandelblättchen
- 4 Eiweiß
- 50 g Zucker
- 100 g Honig
- 25 g Glukose
- 500 g Crème fraîche
- 50 g Rosinen
- 70 g kandierte Früchte
- 75 g kandierte Kirschen
- 50 g Walnusskerne

FÜR DIE MANDELPLATTEN
- 137,5 g Zucker
- 500 g Mandelpaste
- 100 g Pistazienpaste

ZUSAMMENSTELLEN
- 3 Kiwis
- 40 Himbeeren

STROMBOLI-BURGER

Für den Mandelkrokant die Mandelblättchen trocken rösten. Zucker in einer kleinen Stielkasserolle schmelzen, dabei ständig vorsichtig umrühren. Wenn der Zucker geschmolzen ist und eine goldgelbe Farbe annimmt, die Mandelblättchen zugeben. Masse 1–2 Minuten rühren, dann Glukose und Kakaobutter hinzufügen und vollständig einarbeiten. Auf ein leicht geöltes Blech gießen. Krokantmasse schnell mit einem Rollholz so dünn wie möglich ausrollen. Sofort mit einem Ausstecher acht kleinere Plättchen (Ø 8 cm) und vier größere Plättchen (Ø 10 cm) ausstechen. Die größeren sofort in eine leicht geölte Kelle drücken, um sie zu Kuppeln zu formen. An einem trockenen Ort aufbewahren.

Für das Krokanteis die Mandelblättchen trocken rösten. Eiweiß in der Rührschüssel der Küchenmaschine zu Schnee schlagen. Zucker, Honig und Glukose mit einem Glas Wasser in einer Kasserolle aufkochen. Auf 120 °C erhitzen, dann den Sirup in feinem Strahl auf den Eischnee gießen. Die Küchenmaschine weiterlaufen lassen, bis sich die Masse auf 35 °C abgekühlt hat. Crème fraîche, Rosinen, kandierte Früchte, Nüsse und Mandeln unterheben, dabei die Früchte gleichmäßig verteilen. Masse 2 cm hoch in einen Rahmen füllen, bis zum Anrichten in den Gefrierschrank stellen.

Für die Mandelplatten in einer Kasserolle den Zucker in 100 ml Wasser bei 30 °C auflösen, dann sprudelnd aufkochen. Abkühlen lassen. Dann den Sirup mit der Mandel- und Pistazienpaste zu einer homogenen Masse verarbeiten. Masse mit einem Rollholz zwischen zwei Backpapierbögen ca. 2 mm dünn ausrollen und in vier leicht aufgefaltete Platten teilen.

Zusammenstellen

Die Kiwis schälen und in dünne Scheiben schneiden. Aus dem Eis mit einem Ausstecher (Ø 8 cm) vier Kreise ausstechen, jede auf ein Mandelkrokantplättchen legen und mit einem zweiten abdecken. Die Mandelplättchen außen ringsum mit Himbeeren, in der Mitte mit Kiwischeiben belegen. Mit einer Mandelplatte und einer Mandelkrokantkuppel bedecken.

Diese süße Verführung schmeckt nach sizilianischem Sommer. Zitronat, kandierte Kirschen und Orangen erinnern an die köstliche Cassata und die mit Ricotta gefüllten Cannoli, die wir einmal in Syrakus unter Palmen probiert haben.

Jacques
GENIN

[CHOCOLATERIE JACQUES GENIN]

FÜR 4 PERSONEN

ZUBEREITUNG: 1 STUNDE 40 MINUTEN
GARZEIT: 57 MINUTEN
RUHEZEIT: 24 STUNDEN + 4 STUNDEN

FÜR DAS ROSMARIN-PRALINÉ

- 100 g Butter
- 30 g Rosmarin
- 240 g Vollmilchkuvertüre
- 500 g Haselnusspraliné
- 1 Prise Fleur de Sel

FÜR DEN LIMETTENBISKUIT

- 350 g Zucker
- 15 g Limettenzesten
- 100 g Butter
- 5 Eier
- 270 g Mehl
- 15 g Backpulver
- 150 g Sahne

FÜR DAS PAPRIKAGELEE

- 500 g rote Paprika
- 30 g Glukose
- 300 g Zucker
- 9 g Pektin
- 2 g Weinsäure

FÜR DIE MANDELBLÄTTER

- 137,5 g Zucker
- 500 g Mandelpaste
- 100 g Pistazienpaste

HEMISPHÄREN-BURGER

Für das Rosmarin-Praliné Butter zerlassen, Rosmarin unterrühren, fest werden lassen und über Nacht ziehen lassen. Am nächsten Tag die Kuvertüre temperieren. Dazu die Kuvertüre zunächst bei 50 °C schmelzen, rasch auf 27 °C abkühlen, dann wieder auf 31 °C erwärmen. Haselnusspraliné, Fleur de Sel und Rosmarinbutter mischen, dann die temperierte Kuvertüre unterrühren. Mischung einige Millimeter hoch auf ein Backpapier gießen, hart werden lassen und über Nacht im Kühlschrank aufbewahren.

Für den Limettenbiskuit alle Zutaten rechtzeitig aus dem Kühlschrank nehmen, da sie sich bei Zimmertemperatur besser verbinden. In der Rührschüssel der Küchenmaschine Zucker, Limettenzesten, Butter und Eier verrühren. Mehl und Backpulver mischen, unterrühren. Schließlich die Sahne dazugeben und alles vermengen. Ofen auf 180 °C vorheizen. Einen Rahmen auf ein Backblech setzen, Teig 2 cm hoch einfüllen, 12 Minuten backen. Abkühlen lassen, über Nacht in den Kühlschrank stellen.

Für das Paprikagelee die ganzen Paprika im Zentrifugalentsafter entsaften. Paprikasaft mit Glukose und 270 g Zucker in einer Kupferkasserolle mischen und auf 50 °C erhitzen. Die restlichen 30 g Zucker mit dem Pektin mischen und zugeben. Unter ständigem Rühren auf 104,5 °C erhitzen. Wenn die Temperatur erreicht ist, Herd ausschalten und Weinsäure unterrühren. Masse ca. 3 mm hoch in einen Rahmen füllen, bei Zimmertemperatur abkühlen lassen.

Für die Mandelblätter in einer Kasserolle einen Sirup herstellen. Dazu Zucker in 100 ml Wasser auflösen. Sprudelnd aufkochen, dann abkühlen lassen. Den Sirup dann in der Rührschüssel der Küchenmaschine mit der Mandel- und Pistazienpaste mischen. Mit einem Nudelholz zwischen Backpapier 2–3 mm dick ausrollen. Bei Zimmertemperatur 1 Stunde ruhen lassen.

[Fortsetzung auf S. 226]

Zwei Aromen von weit her. Zwei Schokoladenschalen, die sich zusammenfügen, um uns in die Neue Welt zu entführen. Allen voran hisst die Paprika ihr feuerrotes Segel, im Schlepptau die nicht minder leuchtenden Erdbeeren.

Jacques GENIN

HEMISPHÄREN-BURGER [Fortsetzung]

FÜR DIE SCHOKOLADENHALBKUGELN

- 1 kg dunkle Schokolade (64 % Kakaoanteil)

FÜR DIE HELLE MOUSSE

- 2 Blatt Gelatine
- 450 g Sahne
- Abrieb von 2 Limetten
- 150 g weiße Schokolade

ZUSAMMENSTELLEN

- 16 schöne Walderdbeeren (Mara des Bois)

Für die Schokoladenhalbkugeln die Schokolade im Wasserbad schmelzen und temperieren. In einen Spritzbeutel mit feiner Tülle füllen und die Schokolade in feinen Linien netzartig auf die Rückseite einer Kelle spritzen. Gut 10 Minuten fest werden lassen, dann vorsichtig von der Kelle lösen. Auf diese Weise insgesamt acht filigrane Schokohalbkugeln herstellen. Vier Halbschalen mit der gewölbten Seite auf ein heißes Blech setzen, um den Boden einzuschmelzen, so stehen die unteren Behältnisse. Bis zum Anrichten kühl beiseitestellen.

Für die helle Mousse Gelatine in kaltem Wasser einweichen, dann ausdrücken. Mit dem Handrührgerät 300 g Sahne steif schlagen, kalt stellen. 150 g Sahne aufkochen. Von der Platte nehmen, Gelatine und Limettenabrieb unterrühren. Weiße Schokolade in kleine Stücke brechen, die heiße Sahne auf die Schokolade gießen. Mit einem Schneebesen zu einer cremigen Ganache rühren. Vorsichtig die geschlagene Sahne unterziehen.

Zusammenstellen

Mit einem Ausstecher (Ø 8 cm) aus dem Limettenbiskuit und aus dem Rosmarin-Praliné je vier Scheiben ausstechen. Jeweils eine Biskuit- und eine Praliné-Scheibe übereinanderlegen und mit einer halbfesten Folie (4 cm hoch) umwickeln.

Die helle Mousse auf die Biskuit-Praliné-Scheiben geben. Vier Stunden in den Kühlschrank stellen.

Biskuit-Praliné-Scheiben aus der Folie nehmen und in die unteren Schokohalbkugeln setzen. Aus dem Paprikagelee vier Quadrate ausschneiden und pro Burger ein Quadrat auf die helle Mousse legen. Erdbeeren in Längsrichtung halbieren und die Geleequadrate damit belegen. Aus der Mandelmasse Blätter formen und die Erdbeeren damit garnieren. Zum Schluss eine kuppelförmige Schokoladenhalbschale aufsetzen.

Cyril LIGNAC & Philippe RIGOLLOT
[LE QUINZIÈME]*

FÜR 4 PERSONEN

ZUBEREITUNG: 2 STUNDEN
RUHEZEIT: 24 STUNDEN + 5 ½ STUNDEN
GARZEIT: 10 MINUTEN

FÜR DIE SAHNE-MASCARPONE-RINGE
- 400 g gut gekühlte Sahne
- 100 g Mascarpone
- 50 g Puderzucker
- Abrieb von 1 Limette

FÜR DIE BRÖTCHEN
- 330 g Milch
- 15 g frische Hefe
- 500 g Weizenmehl (Type 405)
- 30 g Zucker
- 10 g Salz
- 115 g weiche Butter
- 25 g weiße Sesamsamen

FÜR DAS PASSIONSFRUCHT-MANGO-GELEE
- 300 g Passionsfruchtpüree
- 200 g Mangopüree
- 100 g Zucker
- 6 g Agar-Agar
- 6 g gemahlene Gelatine
- 100 g Kokosraspel

FÜR DEN EXOTISCHEN FRUCHTSALAT
- 1 Kiwi
- 1 kleine Victoria-Ananas
- 1 Mango

FÜR DIE SCHOKOLADENBLÄTTER
- weiße Schokolade
- einige Tropfen grüne Lebensmittelfarbe

ZUSAMMENSTELLEN
- 4 TL Kokosraspel
- 150 g flüssiger Honig

BURGER mit exotischen Früchten

Für die Sahne-Mascarpone-Ringe Sahne und Mascarpone mischen, Zucker und Limettenabrieb unterrühren. 24 Stunden ziehen lassen, anschließend passieren. Dann mit dem Mixer aufschlagen, in einen Spritzbeutel mit Lochtülle füllen. Vier Ringe (Ø ca. 7 cm) auf ein mit Backpapier ausgelegtes Blech setzen. Weitere Cremekreise in die Ringe spritzen. In der Mitte eine Öffnung von ca. 3 cm lassen. In den Gefrierschrank stellen.

Für die Brötchen Milch auf 23 °C erwärmen, Hefe hineinbröseln und auflösen. Mehl, Zucker und Salz in der Rührschüssel der Küchenmaschine mischen, Hefemilch zugeben, auf niedriger Stufe 4 Minuten kneten, danach die Geschwindigkeit erhöhen. Butter hinzufügen, weitere 6 Minuten kneten. Teig 30–40 Minuten bei Zimmertemperatur gehen lassen, anschließend gut durchkneten, um größere Lufteinschlüsse zu vermeiden. An einem kühlen Ort 5 Stunden gehen lassen.

Ofen auf 240 °C vorheizen. Vier Teigkugeln à 80 g formen. Mit Wasser besprenkeln, 10 Minuten im vorgeheizten Ofen backen. Mit Sesamsamen bestreuen und weitere 5 Minuten backen. Abgekühlte Brötchen aufschneiden. Im Deckel mit einem Ring (Ø 3 cm) in der Mitte ein Loch ausstechen. Beiseitestellen.

Für das Passionsfrucht-Mango-Gelee die Fruchtpürees in einer Pfanne erhitzen. Zucker mit Agar-Agar vermischen und dazugeben. Aufkochen, von der Platte nehmen, die Gelatine darin auflösen. Gut umrühren. Temperatur auf 50 °C absinken lassen, dann die Fruchtmasse 2–3 cm hoch in eine Edelstahlschale gießen. Mit Folie abdecken und kühl stellen. Wenn das Gelee gut durchgekühlt ist, die Folie vorsichtig abziehen und vier Quadrate (8 cm) ausschneiden. In die Mitte der Quadrate mit einem Ausstecher (Ø 3 cm) ein Loch stanzen. Kalt stellen.

Für den Fruchtsalat Kiwi, Ananas und Mango schälen und gleichmäßig fein würfeln. Mischen, dann kalt stellen.

Die Schokolade im Wasserbad schmelzen, Lebensmittelfarbe gut unterrühren und abkühlen lassen. Wenn die Schokolade so fest ist, dass sie sich formen lässt, zwischen zwei Backpapierblättern dünn ausrollen.

Zusammenstellen

Kokosraspel leicht anrösten. Mit einem Pinsel dünn Honig auf die Brötchendeckel streichen. Einige Kokosraspel darüberstreuen. Sahne-Mascarpone-Ringe aus dem Gefrierschrank nehmen und in den restlichen Kokosraspeln wenden. Brötchenböden mit den Schokoladenblättern belegen, darauf jeweils zuerst einen Sahne-Mascarpone-Ring und dann ein Geleequadrat legen. In die Öffnung in der Mitte die gewürfelten Früchte füllen, den Brötchendeckel auflegen und die Aussparung mit gewürfelten Früchten garnieren.

Ganz verschmitzt kommt dieser Burger als Cheeseburger verkleidet daher, um noch mehr zu überraschen. Mit Passionsfrucht statt Cheddar. Und Salatblättern aus grüner Schokolade. Ein Bissen genügt und man schmilzt dahin ...

Carl MARLETTI

[PÂTISSERIE CARL MARLETTI]

FÜR 6–8 PERSONEN

ZUBEREITUNG: 3 STUNDEN
RUHEZEIT: 12 STUNDEN + 4 ½ STUNDEN
GARZEIT: 1 STUNDE

FÜR DIE ERDNUSS-GANACHE

- 60 ml Milch
- 230 g Sahne
- 20 g Glukose
- 20 g Invertzucker
- 24 g Kakaobutter
- 65 g Erdnusscreme
- 1 Prise Fleur de Sel

FÜR DIE BRIOCHE

- 300 g Weizenmehl (Type 405)
- 6 g Salz
- 36 g Zucker
- 6 g Trockenhefe
- 4 Eier (Größe S)
- 180 g Butter

FÜR DIE EIERMILCH

- 100 g Zucker
- 5 Eier
- 500 ml Milch

FÜR DAS NOUGAT-SANDGEBÄCK

- 115 g Weizenmehl (Type 405)
- 45 g Puderzucker
- 15 g gemahlene Haselnüsse
- 1 Prise Salz
- 60 g Butter
- ½ Ei
- Zesten von 1 Zitrone
- 40 g brauner Zucker
- 90 g dunkle Nougat-Grundmasse

ARMER RITTER

mit Erdnüssen und Schokolade

Für die Erdnuss-Ganache die Milch mit 60 g Sahne, Glukose und Invertzucker aufkochen. Kakaobutter schmelzen und mit der Erdnusscreme mischen. Die heiße Flüssigkeit auf zwei Mal auf die Mischung gießen, dann das Ganze mit 170 g kalter Sahne und Fleur de Sel mixen. In eine Schale füllen, mit Frischhaltefolie abdecken und 12 Stunden im Kühlschrank reifen lassen.

Für die Brioche Mehl und Salz in die Rührschüssel der Küchenmaschine sieben. Zucker unterrühren, anschließend die Hefe zugeben und auf niedriger Stufe verrühren. Nach und nach die kleinen Eier zugeben. Zu einem glatten Teig kneten, der sich von der Schüsselwand löst. Butter stückchenweise zugeben und weiterrühren, bis sie ganz in den Teig eingearbeitet ist. Mit einem feuchten Geschirrtuch zugedeckt 60 Minuten gehen lassen.

Dann durchkneten, dabei den Teig mehrfach mit den Handballen flach drücken und übereinanderfalten. Vier gleich große Kugeln formen. Teigkugeln in dünn gebutterte Brioche-Formen legen. Bei Zimmertemperatur 60 Minuten gehen lassen. Ofen auf 160 °C vorheizen. 45–50 Minuten backen.

In der Zwischenzeit die Eiermilch vorbereiten. Dafür Zucker, Eier und Milch in einer großen Schüssel verrühren. In den Kühlschrank stellen.

Für das Nougat-Sandgebäck zuerst den Haselnuss-Sandteig zubereiten. Dafür Mehl mit Puderzucker und gemahlenen Haselnüssen mischen und in eine Schüssel sieben. Ein Mulde in das Mehl drücken und Salz und klein geschnittene Butter hineingeben. Mit den Fingern verkneten, Ei zugeben. Einen glatten, homogenen Teig herstellen, zur Kugel formen, in Frischhaltefolie wickeln und 60 Minuten im Kühlschrank ruhen lassen. Ofen auf 160 °C vorheizen. Sandteig auf einem Blech 2 cm dick ausrollen, ca. 15 Minuten backen.

Abgekühlte Sandgebäckplatte in Stücke brechen, 200 g davon mit der abgeriebenen Zitronenschale, dem braunen Zucker und der in der Mikrowelle geschmolzenen Nougat-Grundmasse in den Mixbecher geben. Zu einer homogenen Masse mixen. Zwischen zwei Backpapierbögen 5 mm dünn ausrollen, dann 20 Minuten im Gefrierschrank fest werden lassen. Wenn die Masse fest geworden ist, mit einem Ausstecher (Ø 5 cm) Kreise ausstechen und beiseitestellen.

[Fortsetzung auf S. 234]

Polyphone Komposition für Arme Ritter, Ganache und Piment. In diesem von Meisterhand komponierten Stück, das ganz ohne Begleitung auskommt, bringt die Erdnuss ganz neue (Geschmacks-)Saiten zum Klingen ...

Carl MARLETTI

[PÂTISSERIE CARL MARLETTI]

FÜR 6 PERSONEN

ZUBEREITUNG: 3 STUNDEN
RUHEZEIT: 30 MINUTEN
GARZEIT: 40 MINUTEN

FÜR DIE MATCHA-BISKUITROLLE
- 375 g gemahlene Mandeln
- 375 g Puderzucker
- 100 g Weizenmehl (Type 405)
- 20 g Matcha
- 5 Eier
- 11 Eiweiß
- 100 g Zucker
- grüne Lebensmittelfarbe
- 75 g Butter

FÜR DEN YUZU-MILCHREIS
- 75 g Rundkornreis
- 375 ml Milch
- 20 g Zucker
- 1 TL Yuzupulver
- 1 Eigelb

FÜR DAS HIMBEERCONFIT
- 200 g Himbeeren
- 200 g Himbeerpüree
- 150 g Zucker
- 1 TL Zitronensaft

FÜR DAS ERDBEER-BASILIKUM-GELEE
- 200 g geputzte Erdbeeren
- 20 g Zucker
- ½ Bund Basilikum
- 4 g Blattgelatine

FÜR DEN SESAMKROKANT
- 50 g Butter
- 50 g Zucker
- 50 g Glukose
- 50 g Sesamsamen

ZUSAMMENSTELLEN
- 6 silberne Perlen

STRAVAGANZA-BURGER

Für die Matcha-Biskuitrolle gemahlene Mandeln, Puderzucker, Mehl und Matcha in einer Schüssel mischen. Nach und nach die Eier zugeben und rühren, bis der Teig sich zu einem Band aufdreht. Ofen auf 160 °C vorheizen. Eiweiß mit Zucker und grüner Lebensmittelfarbe zu steifem Schnee schlagen. Eischnee unter den Teig heben. Butter zerlassen, leicht abkühlen lassen und unterziehen. Biskuitteig gleichmäßig auf ein Backpapier streichen und 15–20 Minuten im vorgeheizten Ofen backen.

Für den Milchreis den Reis ein paar Sekunden in kochendes Wasser geben, dann abgießen. Milch mit der halben Zuckermenge und dem Yuzupulver aufkochen. Den blanchierten Reis zur Milch geben, 20–30 Minuten bei geringer Hitze köcheln lassen. Eigelb mit dem restlichen Zucker schaumig schlagen. Masse unter den gekochten Milchreis heben. Milchreis 1 cm hoch in sechs runde Silikonformen (Ø 5 cm) füllen (ca. 60 g pro Form). In den Kühlschrank stellen.

Für das Himbeerconfit Himbeeren mit Himbeerpüree aufkochen. Zucker unterrühren, Masse auf 104 °C erhitzen. Wenn die Temperatur erreicht ist, Zitronensaft zugeben. Abkühlen lassen, mit Frischhaltefolie abdecken und in den Kühlschrank stellen.

Für das Erdbeer-Basilikum-Gelee Erdbeeren mit Zucker und Basilikumblättern mischen, aufkochen, vom Herd nehmen. Mixen und durch ein feines Sieb streichen. Die in kaltem Wasser eingeweichte, ausgedrückte Gelatine unterrühren. Einen Rahmen oder Ring auf ein Blech stellen und die Geleemasse 5 mm hoch hineingießen. 30 Minuten im Kühlschrank fest werden lassen. Aus dem fest gewordenen Gelee sechs Quadrate (4 cm) ausstechen.

Für den Sesamkrokant Butter mit Zucker und Glukose mischen und aufkochen. Sesamsamen trocken rösten und hinzufügen, noch einmal aufwallen lassen. Ofen auf 160 °C vorheizen. Krokantmasse zwischen zwei Backpapierbögen ausrollen. Abkühlen lassen. 15–20 Minuten in den heißen Ofen schieben. Aus dem fertig gebackenen Krokant sofort zwölf Quadrate (5 cm) ausstechen.

Zusammenstellen

Himbeerconfit auf den grünen Biskuit auftragen, aufrollen. In den Kühlschrank stellen. Von der Rolle zwölf Scheiben (1 cm dick) abschneiden. Auf jeden Teller eine grüne Biskuitscheibe, darauf ein Sesamkrokantplättchen, ein Geleequadrat, einen Milchreisring und darüber noch ein Sesamkrokantplättchen legen. Auf das letzte Krokantplättchen eine Biskuitrolle aufrecht stellen. Mit einer silbernen Perle verzieren.

Kein Dessert ist unorthodoxer als dieses, das in leuchtendem Grün wie ein Totem auf dem Teller steht und dazu einlädt, es Stufe für Stufe zu erobern – ein Balanceakt –, um bis zur Perle aus Silber vorzudringen ...

François
PERRET
[L'ABEILLE]**

FÜR 6 PERSONEN

ZUBEREITUNG: 2 STUNDEN
RUHEZEIT: 6 STUNDEN
GARZEIT: 16 MINUTEN

FÜR DIE BRIOCHE
- 200 g Weizenmehl (Type 405)
- 20 g Zucker
- 6 g Salz
- 8 g frische Hefe
- 3 Eier
- 1 TL Milch
- 120 g Butter
- 1 Eigelb
- 1 TL Madagaskar-Pfeffer
- 1 TL Hagelzucker
- 100 g Pink-Grapefruit-Püree
- 20 g Zucker
- 1 Vanilleschote

FÜR DIE CHEESECAKE-CREME
- 120 g cremiger Doppelrahmfrischkäse
- 50 g Puderzucker
- 160 g Sahne

FÜR DIE MÜRBTEIGBRÖSEL
- 45 g Butter
- 25 g Puderzucker
- 1 Prise Salz
- 1 Eigelb
- 75 g Weizenmehl (Type 550)
- 10 g gemahlene Mandeln

FÜR DIE BALSAMICO-VINAIGRETTE
- 1 EL Grapefruitsaft
- 1 TL Balsamico
- 25 g Olivenöl
- 5 g Puderzucker

ZUSAMMENSTELLEN
- Rucola
- 1 Pomelo

CHEESECAKE-BURGER
mit Rucola und Grapefruit

Für die Brioche Mehl in die Rührschüssel der Küchenmaschine geben, Zucker und Salz auf die eine Hälfte, Hefe auf die andere Hälfte geben (die Hefe darf zunächst weder mit dem Zucker noch mit dem Salz in Berührung kommen). Eier und Milch zugeben, bei geringer Geschwindigkeit laufen lassen, bis der Teig sich von der Schüsselwand löst. Butter zugeben und weiterkneten, bis der Teig sich erneut vom Schüsselrand löst. Teig mit einem Spatel in der Mitte der Schüssel zusammenfügen, Küchenmaschine noch einmal 10 Sekunden laufen lassen. Teig auf einem mit Backpapier ausgelegten Backblech 2 Stunden gehen lassen.

Wenn der Teig gut aufgegangen ist, durchkneten, dabei mehrfach mit den Handballen flach drücken und übereinanderlegen. Dann mit einem Nudelholz 7 mm dünn ausrollen. Mit dem verquirlen Eigelb bestreichen. Darauf achten, dass kein Eigelb über den Rand läuft. Mit grob zerstoßenem Madagaskar-Pfeffer und Hagelzucker bestreuen. 2 Stunden in den Kühlschrank stellen.

Danach sechs Scheiben (Ø 8 cm) ausstechen. 2 Stunden bei Zimmertemperatur gehen lassen. Ofen auf 220 °C vorheizen, Brioche-Teiglinge 6 Minuten backen. Nicht zu lange backen, damit die Brioches nicht zu dunkel werden.

Aus Grapefruitpüree, Zucker, Vanillemark und der ausgekratzten Schote einen Sirup kochen. Ausgekühlte Brioches halbieren, Deckel mit dem Sirup beträufeln.

Für die Cheesecake-Creme Frischkäse und Puderzucker im Wasserbad verquirlen. Sahne steif schlagen und unterziehen. Frischkäsemasse 1 cm hoch in sechs Ringe (Ø 8 cm) füllen, Ringe in den Kühlschrank stellen.

Für die Mürbteigbrösel Butter mit Zucker und Salz verkneten. Nach und nach erst das Eigelb, dann Mehl und gemahlene Mandeln unterkneten. Ofen auf 155 °C vorheizen. Teig mit dem Rollholz 2 mm dünn ausrollen. 10 Minuten backen, bis die Teigplatte eine gleichmäßig goldgelbe Farbe angenommen hat. Abgekühlte Gebäckplatte in Stücke brechen. Fein mixen (dabei aber nicht erhitzen). In einen tiefen Teller umfüllen, beiseitestellen.

Für die Balsamico-Vinaigrette Grapefruitsaft, Balsamico, Olivenöl und Puderzucker verrühren.

Zusammenstellen

Pomelo schälen, Fruchtfleisch zerkleinern und mit Rucola mit der Vinaigrette anmachen. Cheesecake-Scheiben aus dem Gefrierschrank nehmen, in den Mürbteigbröseln wenden. Brioches aufschneiden, Pomelofruchtfleisch auf den Briocheböden verteilen. Dann die Cheesecake-Scheiben auflegen. Mit gewürztem Pomelofruchtfleisch garnieren. Zum Schluss die Briochedeckel auflegen.

Ein mit Pfeffer gespickter Deckel, Zitrusaromen – dieser Burger erinnert an einen leckeren, saftigen Pilz. Einfach reinbeißen und sich von dem Spiel der Aromen überraschen lassen.

François PERRET

[L'ABEILLE]**

FÜR 10 PERSONEN

ZUBEREITUNG: 1 ½ STUNDEN
RUHEZEIT: 3 STUNDEN 40 MINUTEN
GARZEIT: 30 MINUTEN

FÜR DEN BABA

- 440 g Weizenmehl (Type 405)
- 200 ml Milch
- 24 g frische Hefe
- 57 g Zucker
- 9 g Salz
- 5 Eier
- 87 g Butter

FÜR DEN SIRUP

- 125 g Zucker
- ½ Bund frischer Koriander

FÜR DIE AVOCADOMOUSSE

- 190 g Avocado-fruchtfleisch
- 50 g Sahne
- 20 g Puderzucker
- ½ TL Balsamico
- ½ TL Zitronenessig
- 2 TL Zitronensaft
- 1 Msp. Ascorbinsäure (Vitamin C)

FÜR DAS ERDBEERGELEE

- 1 kg Erdbeeren (Ciflorette)
- 100 g Puderzucker
- 60 Erdbeeren
- 4 Blatt Gelatine

ZUSAMMENSTELLEN

- Korianderblättchen
- Erdbeeren

BABA-BURGER

mit Erdbeeren und Avocado

Für den Baba alle Zutaten in der Rührschüssel der Küchenmaschine zu einem Teig verarbeiten. 40 Minuten gehen lassen. Wenn der Teig sein Ausgangsvolumen verdoppelt hat, erneut mit der Küchenmaschine oder von Hand kneten, damit der Teig schön feinporig wird. Formen (Ø 7 cm, Höhe 3 cm) fetten, mit Backpapier auskleiden, Überstände abschneiden. In jede Form 60 g Teig füllen. Noch einmal 2 Stunden gehen lassen.

Ofen auf 160 °C vorheizen. Formen möglichst mit einer beschwerten Backmatte abdecken und 25 Minuten in den Ofen geben. Nach 25 Minuten die Baba aus den Formen nehmen und noch 5 Minuten ohne Form weiterbacken.

Währenddessen den Sirup zubereiten: Zucker mit 500 ml Wasser aufkochen, Koriander zugeben. Temperatur auf unter 40 °C absinken lassen. Die Baba sofort nach dem Backen mit dem Sirup tränken.

Für die Avocadomousse Avocadofruchtfleisch, Sahne, Zucker, Essig, Zitronensaft und Ascorbinsäure in den Mixbecher geben. Mixen, dann in einen Spritzbeutel mit kleiner Tülle füllen.

Für das Erdbeergelee 1 kg Erdbeeren mit dem Zucker mischen. Masse in einen Vakuumbeutel füllen und 60 Minuten bei 90 °C im Kombidämpfer oder in Folie eingeschweißt im Wasserbad Saft ziehen lassen. 250 g des Saftes abwiegen, erhitzen, die in kaltem Wasser eingeweichte, ausgedrückte Gelatine zugeben. Umrühren, bis die Gelatine sich ganz aufgelöst hat. Die 60 Erdbeeren in feine Würfel (6 mm) schneiden, die Würfel auf zehn Ringe (Ø 7 cm) verteilen. Geleemasse in die Ringe gießen, sodass alle Erdbeerwürfel bedeckt sind. 60 Minuten im Kühlschrank fest werden lassen.

Zusammenstellen

Baba waagrecht halbieren. Auf die untere Hälfte eine Schicht Avocadomousse streichen, darauf einen Ring Erdbeergelee legen und darauf wieder eine Schicht Avocado-Mousse auftragen. Obere Baba-Hälfte auflegen. Mit Sirup überziehen. Stielansätze von den Erdbeeren abzupfen und durch frische Korianderblättchen ersetzen. Deckel mit den Erdbeeren garnieren.

Einst hatte König Stanislaus von Polen, der Herzog von Lothringen, einer mit Malagawein getränkten und mit Konditorcreme gefüllten Brioche den Namen „Ali-Baba" gegeben. Diese Brioche stand beim

Baba-Burger Pate. Doch Malagawein und Konditorcreme sind passé. Eine neue Zeit ist angebrochen, in der Erdbeere und Avocado den Ton angeben.

FÜR 4 PERSONEN

ZUBEREITUNG: 3 STUNDEN
RUHEZEIT: 12 STUNDEN + 2 STUNDEN
GARZEIT: 27 MINUTEN

FÜR DIE FOUGASSE-BRÖTCHEN

- 20 g frische Hefe
- 3 EL Olivenöl
- 1 Ei
- 150 ml Orangenblütenessenz
- 450 g Weizenmehl (Type 405)
- Abrieb von 1 Orange
- 75 g brauner Zucker zzgl. etwas zum Bestreuen

FÜR DIE MANGOLDTALER

- 1 Bund Mangold
- 3 Äpfel (Renette)
- 2 Eier
- 100 g Pinienkerne (aus Spanien)
- 5 cl Marc de Provence (Tresterbrand)
- 150 g brauner Zucker
- 1 EL Olivenöl
- 1 Prise schwarzer Pfeffer
- 1 EL Orangenblütenessenz
- Abrieb von 1 Orange

WEITERE ZUTATEN

- 50 g Korinthen
- 50 g Malaga-Rosinen
- 500 ml brauner Rum
- 100 ml Olivenöl
- 1 Vanilleschote
- 6 frische Aprikosen
- 1 EL Butter
- 1 EL Blütenhonig
- 1 EL Aprikosengeist

ZUSAMMENSTELLEN

- 1 EL Olivenöl
- Zesten von je 1 Zitrone und Orange
- Zitronenthymian- und Lavendelblüten
- Rosmarin

François RAIMBAULT

[L'OASIS RAIMBAULT]**

HAMBURGER PROVENÇAL

Für die Fougasse-Brötchen Hefe mit 150 ml Wasser verrühren. Olivenöl, Ei und Orangenblütenessenz zugeben. Mehl, Orangenabrieb und braunen Zucker vermischen, die Hefemischung darübergießen. Mit der Küchenmaschine 8 Minuten auf niedrigster Stufe kneten. Teig in einen sauberen Behälter umfüllen, 60 Minuten bei Zimmertemperatur gehen lassen. Kurz mit der Hand durchkneten, damit größere Lufteinschlüsse entweichen. In Frischhaltefolie wickeln und über Nacht in den Kühlschrank legen.

Ofen auf 220 °C vorheizen. Teig ausrollen. Mit einem Ausstecher (Ø 8 cm) acht Kreise ausstechen. Bei Zimmertemperatur gehen lassen, bis die Teigscheiben das Doppelte ihres Ausgangsvolumens erreicht haben. Oberfläche sternförmig einschneiden, mit Wasser benetzen und mit braunem Zucker bestreuen. Im vorgeheizten Ofen ca. 15 Minuten backen. Beiseitestellen.

Für die Mangoldtaler Wasser in einem großen Topf aufkochen. Vier schöne grüne Mangoldblätter beiseitelegen. Die übrigen Mangoldblätter ein paar Minuten in das kochende Wasser legen, herausnehmen, abtropfen lassen, in einer Schüssel mit Eiswasser beiseitestellen. Mit den Mangoldstielen genauso verfahren.

Äpfel schälen, würfeln und in eine Schüssel geben. Ofen auf 170 °C vorheizen. Mangoldstiele fein würfeln, Mangoldblätter klein schneiden, mit den übrigen Zutaten zu den Apfelwürfeln geben. Gut mischen, danach vier Tortenringe (Ø 8 cm) auf ein Blech stellen und mit der Masse füllen. 12 Minuten in den heißen Ofen schieben. 60 Minuten an einem kalten Ort abkühlen lassen.

Korinthen und Rosinen in Rum einweichen, bis sie den gesamten Rum aufgesogen haben. Olivenöl unter Rühren mit Vanillemark und der ausgekratzten Schote auf 50 °C erwärmen. Beiseitestellen. Aprikosen fein würfeln und in Butter anschwitzen, mit Honig und Aprikosengeist ablöschen.

Zusammenstellen

Für die Burger die Mangoldtaler je in ein schönes Mangoldblatt wickeln. In heißem Öl von jeder Seite ca. 1 Minute anbraten. Fougasse-Brötchen aufschneiden und mit je einem Mangoldtaler belegen, den Brötchendeckel auflegen und mit einem Mangoldband verschließen. Mit Thymian, Lavendel und Rosmarin garnieren.

Aprikosenwürfel in einem großen Kreis auf den Teller legen, rundherum vanilliertes Olivenöl auftragen. Mit Rumrosinen, feinen Streifen aus Zitronen und Orangenzesten und Zitronenthymianblüten garnieren.

Man nehme eine kleine Schatulle, gefertigt aus Brot und Mangoldblättern. Dazu mit Rum vollgesogene Rosinen und als dissonante Geschmacksnote die Äpfel. Auf diesem Teller wurde die Provence kulinarisch neu erfunden, extra für Sie.

François
RAIMBAULT

[L'OASIS RAIMBAULT]**

FÜR 4 PERSONEN

ZUBEREITUNG: 2 STUNDEN
RUHEZEIT: 1 STUNDE
GARZEIT: 25 MINUTEN

FÜR DIE CROISSANTBRÖTCHEN

- 400 g frischer Croissantteig (selbst gemacht oder gekauft)
- 1 Eigelb

FÜR DIE SCHOKOLADEN-GANACHE

- 450 g Sahne
- 50 g Invertzucker
- 500 g dunkle Schokolade (64 % Kakaoanteil)
- 60 g weiche Butter
- 40 g Brausezucker

FÜR DIE SCHOKOLADENCREME

- 250 g Milch
- 25 g Kakao
- 150 g Zucker
- 5 Eiweiß
- 4 Eigelb
- 22 g Rahmpulver
- 3 Blatt Gelatine

FÜR DIE VANILLECREME

- 200 g Sahne
- ½ Vanilleschote
- 2 Eigelb
- 30 g Zucker
- 2 g Gelatine

ZUSAMMENSTELLEN

- 4 dunkle Schokoladentäfelchen (Seitenlänge 8 cm)
- 100 g Himbeeren
- 3–4 TL Brausezucker
- 50 g Kakaosplitter (zerstoßene, geröstete Kakaobohnen)

BREAKFAST BURGER

Teig 4 mm dick ausrollen, mithilfe eines Ausstechers (Ø 7 cm) acht Scheiben ausstechen. Dünn mit Eigelb bestreichen, bei Zimmertemperatur (23 °C) gehen lassen. Ofen auf 220 °C vorheizen, 15–20 Minuten backen. Fertige Croissantbrötchen beiseitestellen.

Für die dunkle Schokoladen-Ganache Sahne mit Invertzucker aufkochen. Schokolade in Stücke brechen, heiße Sahne über die Schokolade gießen, zu einer glatten Masse verrühren. Butter unterarbeiten, abkühlen lassen. Eine dünne Schicht Ganache-Masse in vier Tortenringe (Ø 7 cm) gießen. Mit Brausezucker bestreuen, dann bis zur halben Tortenringhöhe mit Ganache-Masse auffüllen. Beiseitestellen.

Für die Schokoladencreme Milch mit Kakao aufkochen. Gleichzeitig 125 g Zucker mit 40 ml Wasser auf 120 °C erhitzen, um einen Sirup herzustellen. Eiweiß zu Schnee schlagen, Sirup darübergießen und einarbeiten. Eigelbe mit 25 g Zucker schaumig schlagen, Rahmpulver und Kakaomilch unterrühren. Masse unter ständigem Rühren zum Kochen bringen und 2 Minuten kochen. Danach vorsichtig den Eischnee unterziehen. Die in kaltem Wasser eingeweichte, ausgedrückte Gelatine unterrühren. Creme in einen Spritzbeutel mit Tülle füllen und 1,5 cm hoch kreisförmig in vier Tortenringe (Ø 7 cm) spritzen. In den Kühlschrank stellen.

Für die Vanillecreme Sahne mit Vanillemark und der ausgekratzten Schote aufkochen. Ziehen lassen. Eigelb mit Zucker schaumig rühren. Vanillesahne unter die cremige Eimasse ziehen, auf 84 °C erhitzen. Die in kaltem Wasser eingeweichte, ausgedrückte Gelatine unterrühren. In den Kühlschrank stellen.

Zusammenstellen

Auf jeden Teller eine Croissantscheibe setzen, darauf zuerst eine Scheibe Ganache, dann ein Täfelchen Zartbitterschokolade und schließlich eine Schokoladencremescheibe darauflegen. Himbeeren mit Vanillecreme füllen und den Rand der Schokoladencremescheibe ringsum damit belegen. Zwischen die Himbeeren noch etwas Vanillecreme tupfen. Als letztes eine zweite Croissantscheibe aufsetzen. Mit Brausezucker und Kakaobohnensplittern bestreuen.

Die Himbeeren sind so zart, dass man bei jedem Bissen Gewissensbisse bekommen könnte, wenn nicht die Schokolade mit ihren köstlichen Aromen uns alle Skrupel vergessen ließe.

Emmanuel RYON

[PÂTISSIER]

FÜR 11 PERSONEN

ZUBEREITUNG: 2 STUNDEN
RUHEZEIT: 5 ½ STUNDEN + 12 STUNDEN
GARZEIT: 2 STUNDEN 20 MINUTEN

FÜR DIE VANILLERAHMPLÄTZCHEN

- 125 ml Milch
- 1 Vanilleschote
- 25 g Reismehl
- 25 g Zucker
- 5 g Titanoxid (weißer Farbstoff)

FÜR DIE SCHOKOLADEN-TRÜFFEL-PLÄTZCHEN

- 30 g Reismehl
- 30 g Kakaopulver
- 50 g Zucker
- 1 TL Trüffelöl

FÜR DEN TRÜFFELBISKUIT

- 4 Eiweiß
- 110 g Zucker
- 3 g Weinstein (stabilisiert den Eischnee)
- 2 Eier
- 1 TL Salz
- 1 EL Trüffelöl
- 2 EL Traubenkernöl
- 90 g Weizenmehl (Type 405)
- 1 TL Backpulver
- 1 g Titanoxid

FÜR DAS VANILLEGELEE

- 300 ml Milch
- 2 Bourbonvanilleschoten
- 30 g Zucker
- 6 g Agar-Agar (pflanzliches Geliermittel)

WHITE BURGER

Für die Vanillerahmplätzchen Milch mit Vanillemark und ausgekratzter Schote in einer Kasserolle zum Kochen bringen. 10 Minuten ziehen lassen, durch ein Spitzsieb abgießen. Aufkochen, Reismehl mit Zucker und Titanoxid mischen und zur Milch geben. Erneut aufkochen, dann mixen. Masse dünn auf eine Backmatte oder ein Backpapier streichen. Den Ofen auf 50 °C vorheizen und die Masse 10 Minuten backen. Danach zwei Ausstecher (Ø 5 cm und Ø 3 cm) leicht ölen und Plätzchen ausstechen. Die Temperatur im Ofen auf 60 °C erhöhen und die Plätzchen weitere 60 Minuten trocknen, dann über Nacht an einem trockenen Ort aufbewahren.

Für die Schokoladen-Trüffel-Plätzchen alle Zutaten in einer Kasserolle mit 250 ml Wasser aufkochen, danach mixen. Masse dünn auf eine Backmatte oder ein Backpapier streichen. Den Ofen auf 50 °C vorheizen und die Masse 10 Minuten backen. Danach zwei Ausstecher (Ø 5 cm und Ø 3 cm) leicht ölen und Plätzchen ausstechen. Die Temperatur im Ofen auf 60 °C erhöhen und weitere 60 Minuten trocknen, dann über Nacht an einem trockenen Ort aufbewahren.

Für den Trüffelbiskuit Eiweiß, 75 g Zucker und Weinstein in die Rührschüssel der Küchenmaschine geben und verrühren. 10 Minuten in den Gefrierschrank stellen. Danach zu steifem Schnee aufschlagen. In einer anderen Schüssel Eier, 35 g Zucker und die beiden Öle mischen, aber nicht aufschlagen. Mehl, Backpulver und Titanoxid mischen, auf den Eischnee sieben, dann unterheben.

Masse mit einem Spritzbeutel in elf Silikonhalbkugelformen (Ø 7 cm) spritzen. Restlichen Biskuitteig 1 cm hoch in einen Rahmen füllen. Heißluftofen auf 180 °C vorheizen (alternativ Umluft). Biskuit in den vorgeheizten Ofen schieben, Temperatur auf 145 °C zurückschalten und Biskuit 14 Minuten backen.

Für das Vanillegelee in einer Kasserolle Milch mit Vanillemark und ausgekratzten Schoten aufkochen. 60 Minuten ziehen lassen, durch ein feines Spitzsieb abgießen. Zucker mit Agar-Agar mischen und zur Milch geben. Aufkochen. Masse auf ein Blech streichen und abkühlen lassen. Dann mit einem Ausstecher (Ø 7 cm) elf Kreise ausstechen.

Für das Trüffeleis Milch, Vanillemark, Sahne und Trüffelpaste in einer Kasserolle mischen und aufkochen. Trüffelöl zugeben. Eigelb, Zucker, Stabilisator, Milchpulver und Glukosepulver in einer Schüssel mischen und zu einer festen hellen Creme aufschlagen.

Masse auf 85 °C erhitzen, sofort mixen, danach rasch im Eiswasserbad auf 4 °C abkühlen. Mindestens 4 Stunden ruhen lassen, dann erneut mixen. In der Eismaschine gefrieren lassen. Eismasse in elf Silikonhalbkugelformen (Ø 7 cm) füllen. Oberfläche glätten. In den Gefrierschrank stellen.

Zum Schluss für die Schokoladencreme Eigelb mit Zucker zu einer festen hellen Creme aufschlagen. Sahne aufkochen, Eigelbmasse unterziehen. Im Wasserbad auf 83 °C erhitzen, Schokolade stückchenweise unterrühren. Mixen. Im Eiswasserbad auf 35 °C abkühlen, Butter einarbeiten. Beiseitestellen.

Zusammenstellen

Sesamsamen trocken rösten. Trüffelbiskuit aus dem Rahmen nehmen. Mit einem Ausstecher (Ø 7 cm) elf Kreise ausstechen. Biskuits aus den Halbkugelformen lösen und in gerösteten Sesamsamen wenden. Trüffeleis-Halbkugeln aus den Formen nehmen. Jede Biskuitscheibe mit einer Scheibe Vanillegelee belegen. Darauf in die Mitte eine Trüffeleis-Halbkugel setzen.

Mit einem Spritzbeutel mit feiner Tülle etwa auf halber Höhe der Trüffeleiskugel rundum kleine Tupfen Schokoladencreme aufdressieren. Vanillerahmplätzchen und Schokoladen-Trüffel-Plätzchen damit harmonisch an der Eiskugel befestigen. Biskuithalbkugel als Deckel seitlich anlegen und mit einem großen Vanillerahmplätzchen (Ø 5 cm) und einem Stückchen echter Trüffel garnieren.

FÜR DAS TRÜFFELEIS

- 500 ml Milch
- Mark von 2 Vanilleschoten
- 200 g Sahne
- 12 g Trüffelpaste
- ½ TL Trüffelöl
- 3 Eigelb
- 110 g Zucker
- 5 g kombinierter Stabilisator (verbessert Textur und Haltbarkeit von Eis)
- 50 g Milchpulver (0 % Fett)
- 70 g Glukosepulver

FÜR DIE SCHOKOLADENCREME

- 2 Eigelb
- 25 g Zucker
- 125 g Sahne
- 50 g dunkle Schokolade (70 % Kakaoanteil)
- 15 g weiche Butter

ZUSAMMENSTELLEN

- weiße Sesamsamen
- schwarze Trüffel

Emmanuel
RYON
[PATISSIER]

FÜR 11 PERSONEN

ZUBEREITUNG: 2 STUNDEN
RUHEZEIT: 2 STUNDEN 10 MINUTEN
GARZEIT: 18 MINUTEN

FÜR DIE BUCHWEIZENBRÖTCHEN

- 60 g Buchweizenkörner zzgl. einige zum Dekorieren
- 200 ml Milch
- 250 g Weizenmehl (Type 550)
- 5 g Salz
- 13 g Zucker
- 10 g frische Hefe
- 1 Ei
- 75 g weiche Butter
- 1 Eigelb

FÜR DEN WHISKY-PUNSCH

- 15 g Zucker
- 2 cl japanischer Whisky

FÜR DAS MANGOCONFIT

- 350 g Mangofruchtfleisch
- 1 Bourbonvanilleschote
- 50 g Zucker
- 3 g Pektin NH
- 50 ml Zitronensaft
- 2 cl japanischer Whisky

FÜR DIE MANGOCREME

- 300 g Mangoconfit
- 5 cl japanischer Whisky

BURGER-SENSATION

Für die Buchweizenbrötchen Buchweizenkörner in einer Kasserolle leicht rösten. Milch zugeben, 30 Minuten ziehen lassen. In der Zwischenzeit in der Rührschüssel der Küchenmaschine Mehl, Salz, Zucker, Hefe und Ei mit dem Knethaken rühren. Gefilterte Buchweizenmilch hinzufügen, kneten, bis der Teig sich von der Schüsselwand löst. Butter hinzufügen, weitere 8 Minuten kneten. Teig 60 Minuten bei Zimmertemperatur gehen lassen.

Wenn der Teig das Doppelte seines Ausgangsvolumens erreicht hat, erneut kneten, dabei den Teig mit den Handballen flach drücken und mehrmals übereinanderschlagen. Elf Kugeln à 50 g formen und auf ein mit Backpapier ausgelegtes Blech legen. Zusammen mit einer mit heißem Wasser gefüllten Schale in den warmen Ofen stellen, der Teig geht dann, ohne eine Kruste zu bilden. Teigkugeln noch einmal 40–60 Minuten gehen lassen, bis sie das Doppelte ihres Ausgangsvolumen erreicht haben.

Ofen auf 170 °C vorheizen. Oberseite der Kugeln dünn mit Eigelb bestreichen. Die Zusätzlichen Buchweizenkörner trocken rösten und zerstoßen. Die Kugeln damit bestreuen. Im vorgeheizten Ofen 18 Minuten backen.

Für den Whisky-Punsch 50 ml Wasser mit dem Zucker in einer Kasserolle aufkochen. Abkühlen lassen, Whisky hinzufügen, beiseitestellen.

Für das Mangoconfit Mangofruchtfleisch pürieren, zusammen mit Vanillemark und der ausgekratzten Schote in eine Kasserolle geben. Aufkochen. Zucker und Pektin mischen, unter die Mangomasse rühren. Erneut aufkochen. Zitronensaft und Whisky zugeben. Masse 5 mm hoch in eine Edelstahlschale gießen. In den Kühlschrank stellen.

Für die Mangocreme Mangoconfit mit Whisky mixen. Beiseitestellen.

Für den Buchweizenhonig-Karamell die Buchweizenkörner trocken rösten und zerstoßen. Sahne mit Zucker, Honig, Salz und Glukose in einer Kasserolle auf 114 °C erhitzen. Kakaobutter und geröstete zerstoßene Buchweizenkörner zugeben. Zwischen zwei Backpapieren 2 mm dünn ausrollen, in den Kühlschrank stellen.

Wenn der Karamell fest geworden ist, mit einem Ausstecher (Ø 7 cm) elf Kreise und mit einem zweiten Ausstecher (Ø 1,5 cm) 33 Kreise ausstechen. In einem luftdichten Behälter kalt stellen.

Für die Whisky-Karamell-Mousse in einer Kasserolle Sahne mit Vanillemark und ausgekratzten Schoten aufkochen. Ziehen lassen. In einer anderen Kasserolle einen Karamell aus Invertzucker und Zucker zubereiten. Wenn der Karamell goldgelb ist, mit der heißen Vanillesahne ablöschen. Aufkochen. Whisky zugeben. Mixen. Durch ein feines Spitzsieb filtern. In den Kühlschrank stellen.

Zusammenstellen

Buchweizenbrötchen aufschneiden. Deckel mit einem Ausstecher (Ø 6 cm) verkleinern, Böden mithilfe eines Ausstechers (Ø 8 cm) zuschneiden. Mit einem Pinsel Whisky-Punsch auf die Innenseiten der Brötchendeckel und -böden auftragen. Die kalte Whisky-Karamell-Mousse mit dem Schneebesen zu einer glatten Masse aufschlagen. In einen Spritzbeutel (Tülle Nr. 6) füllen. In den Kühlschrank legen. Für die Dekoration Mangoconfit in kleine Würfel schneiden.

Auf die Böden je eine Scheibe Buchweizenhonig-Karamell legen. Mit einem Kugelausstecher (Ø 1,2 cm) aus dem Mangofruchtfleisch Kugeln ausstechen. Auf den Rand jeder Karamellscheibe ringsum sieben Mangokugeln legen. In die Mitte mit dem Spritzbeutel 30 g Mangocreme spritzen.

Mit ein paar Tupfen Whisky-Karamell-Mousse, Mangoscheibchen und Karamellplättchen (Ø 1,5 cm) garnieren. Zum Schluss Mangoconfitwürfel darüberstreuen. Mit Blattspitzen von Zitronenverbene und Zitronenthymian sowie Blattgold dekorieren.

FÜR DEN BUCHWEIZENHONIG-KARAMELL

- 75 g Buchweizenkörner
- 240 g Sahne
- 100 g Zucker
- 50 g Buchweizenhonig
- 1 Prise Salz
- 50 g Glukose
- 50 g Kakaobutter

FÜR DIE WHISKY-KARAMELL-MOUSSE

- 220 g Sahne
- 2 Bourbonvanilleschoten
- 50 g Invertzucker
- 50 g Zucker
- 20 cl japanischer Whisky

ZUSAMMENSTELLEN

- 1 Mango
- Zitronenverbeneblättchen
- Zitronenthymianblättchen
- Blattgold

Wie Hostien scharen sich getrüffelte Schokoladenscheiben und Vanilleplätzchen um schneeweißes Eis – für ein neues Abendmahl.

Buchweizen aus der Bretagne, Mango aus Indien und aus Japan dieser Whisky mit seinen fruchtigen Aromen und seiner leichter Torfnote – ein erlesenes Geschmackserlebnis.

Register

REGISTER

BEZUGSQUELLEN

Zutaten

Süße Sachen

www.artimondo.de
www.backfee.de
www.bosfood.de
www.chocolat-weiss.fr
www.die-scheune-delikatessen.de
www.epicerie-francaise.de
www.frischeparadies.de
www.gourmet-versand.com
www.gourmondo.de
www.honigfee.de
www.molekularkuche.de
www.patiswiss.com
www.pralinenwerkzeug.de
www.rekru.de
www.sinodis.com
www.tiposarda.de

Fleisch, Fisch, Meeresfrüchte

www.artimondo.de
www.bosfood.de
www.die-scheune-delikatessen.de
www.epicerie-francaise.de
www.frischeparadies.de
www.gourmet-versand.com
www.gourmondo.de
www.lachskontor.de
www.tiposarda.de
www.topfruits.de

Gewürze

www.die-scheune-delikatessen.de
www.epicerie-francaise.de
www.frischeparadies.de
www.gewuerze-der-welt.net
www.gourmet-versand.com
www.gourmondo.de
www.pepperworldhotshop.de
www.salz-kontor.de
www.tiposarda.de
www.zauberdergewuerze.de

Mehl

www.bosfood.de
www.epicerie-francaise.de
www.gourmet-versand.com
www.gourmondo.de

Mayonnaise und Senf

www.bosfood.de
www.die-scheune-delikatessen.de
www.frischeparadies.de
www.gourmet-versand.com
www.gourmondo.de
www.joyus.com

Zubehör

Backen

www.backfee.de
www.bosfood.de
www.pralinenwerkzeug.de

Kochen

www.bosfood.de
www.gourmet-versand.com
www.molekularkuche.de

Danke

Mehr als nur Dank schulde ich allen Küchenchefs und ihren Brigaden. Mit ihrer Kreativität und ihrem Engagement haben sie Delphine und mir im Verlauf dieser intensiven, genussreichen Arbeit immer wieder entscheidende Impulse gegeben.
Ich danke meiner Verlegerin, Agnès Busière, für das Vertrauen, das sie mir auch bei diesem Projekt wieder entgegengebracht hat, und die Leidenschaft für schöne Bücher, die sie mit mir teilt. Mein Dank gilt Coralie Benoit, die die Erstellung des Buches begleitet und zur Verständlichkeit der Rezepte beigetragen hat, ebenso wie Sandrine Paniel und Reine Bellivier. Lucile Jouret danke ich für ihre unermüdliche Arbeit am Layout des Werkes!
Delphine danke ich für ihre wundervollen Bilder. Wir haben wirklich Seite an Seite gearbeitet.
Mein Dank gilt auch den Kommunikationsbeauftragten, Assistenten und Assistentinnen der Küchenchefs, die uns unsere Arbeit, wann immer sie konnten, erleichtert haben. Ich denke da an Marc Baudry, Leila Bellau, Vanessa Boyer, Marie Cazaux, Karima Dubois, Mélanie Hubert, Céline Lavail-Georgin und Manuela Isnard, Antoine Maillon, Emmanuelle Papa, Carine Polito, Afsaneh Salehi, Vanessa Tchokodeu, Anne Wencelius und Xavier Bourgeat. Ebenso denke ich an Sophie Rostang und an Patricia Grunler-Westermann.
Ganz besonders danke ich Thierry Monnassier für seine ersten Ratschläge, Sylvie de Laveaucoupet, die die Küchenchefs so gut kennt, und Maryse Masse für ihr großes Engagement und ihre tiefe Freundschaft.

Thérèse Rocher

Ich danke Agnès Busière, die mir bei meiner ersten Zusammenarbeit mit den Éditions Larousse diese schöne Aufgabe anvertraut hat. Dem gesamten Team der Éditions Larousse danke ich für seine professionelle Begleitung, insbesondere Émilie Laudrin für die Gestaltung und Lucile Jouret für die Umsetzung des Layouts für dieses schöne Buch.
Ich danke den begnadeten Küchenchefs und ihren Helfern, die mich so herzlich empfangen und mit so viel Begeisterung unterstützt haben. Es waren außergewöhnliche Begegnungen. Wir haben Hand in Hand gearbeitet und dank ihres großen Engagements entstanden aus ihren Kreationen einmalige Bilder.
Ich danke Thérèse Rocher für die Idee zu diesem Buch und ihren unerschütterlichen Einsatz.
Danke an Laurence Du Tilly, Anne, Claude und Julien für ihren wertvollen Beitrag.
Dieses Buch steht auch für 7000 km, die wir von Nord nach Süd zurückgelegt haben, mehr als 7000 Fotos und eine wunderbare Schlemmerreise! Ich danke allen Menschen, denen ich unterwegs begegnet bin, sie werden sich wiedererkennen ...
Und schließlich danke ich meiner Familie und ganz besonders meiner geliebten Tochter für ihre Geduld und ihre bedingungslose Unterstützung.

Delphine Amar-Constantini

Impressum

Fackelträger Verlag GmbH
Emil-Hoffmann-Straße 1
D-50996 Köln
1. Auflage 2015

Verlagsleitung: **Isabelle Jeuge-Maynart und Ghislaine Stora**
Redaktionsleitung: **Agnès Busière**
Redaktion: **Coralie Benoit**
Redaktionsassistenz: **Reine Bellivier und Mélissa Lagrange**
Design und Layout: **Émilie Laudrin**
Satz: **Lucile Jouret**
Umschlaggestaltung: **Véronique Laporte**
Herstellung: **Anne Raynaud**
Styling: **Laurence Du Tilly**

Fotografie: **Delphine Amar-Constantini,**
außer auf den Seiten 13 (© Jacques Genin), 14 (© Stéphane de Bourgies), 11 (© Antoine Maillon), 18 (© Pauline Le Goff), 20 (© Thuries magazine)

Übersetzung: Barbara Sperling, Karlsruhe
Redaktion und Lektorat: Ilka Grunenberg
Satz: Tatjana Beimler, Flomborn
Gesamtherstellung: Fackelträger Verlag, Köln

ISBN 978-3-7716-4623-3
Printed in China

www.fackeltraeger-verlag.de